Christine Lange

Das gesunde Pferd

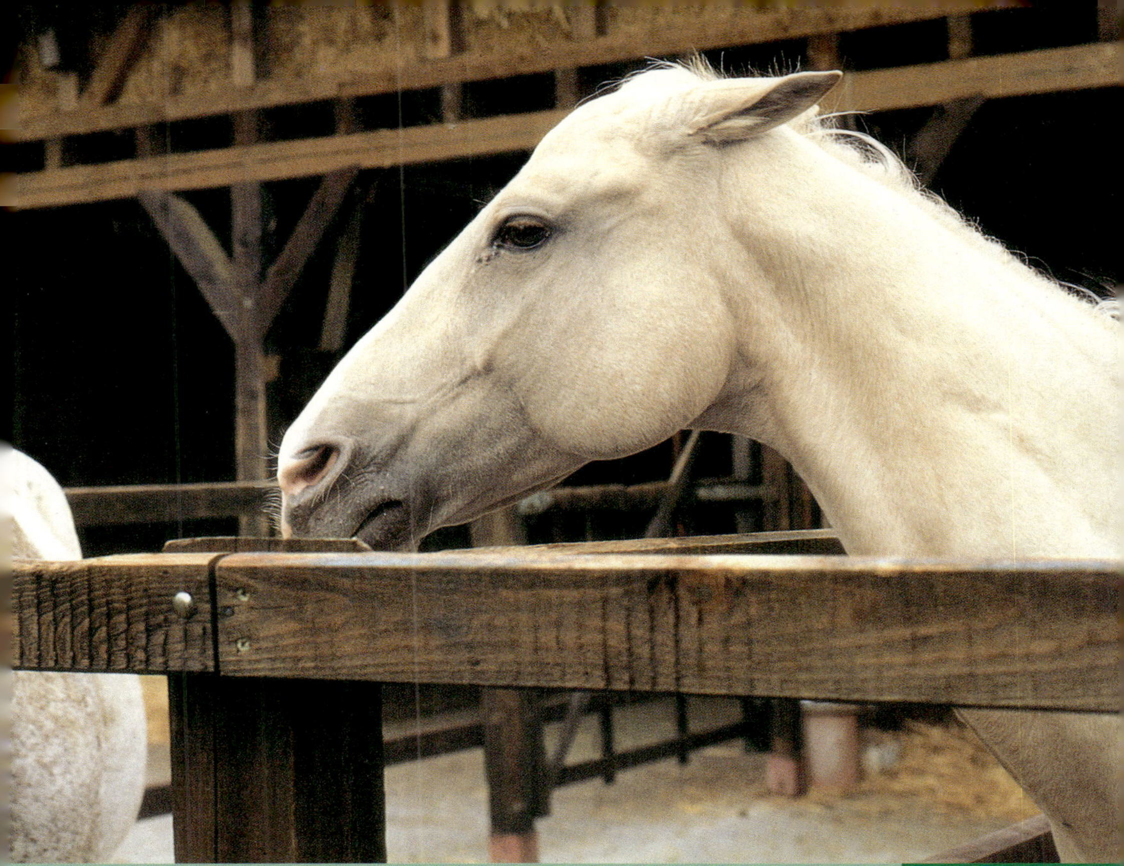

Das gesunde Pferd

Christine Lange

blv

BLV Freizeit REITEN

Inhalt

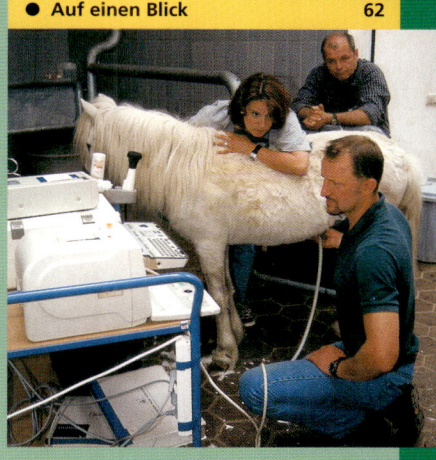

Zum Thema

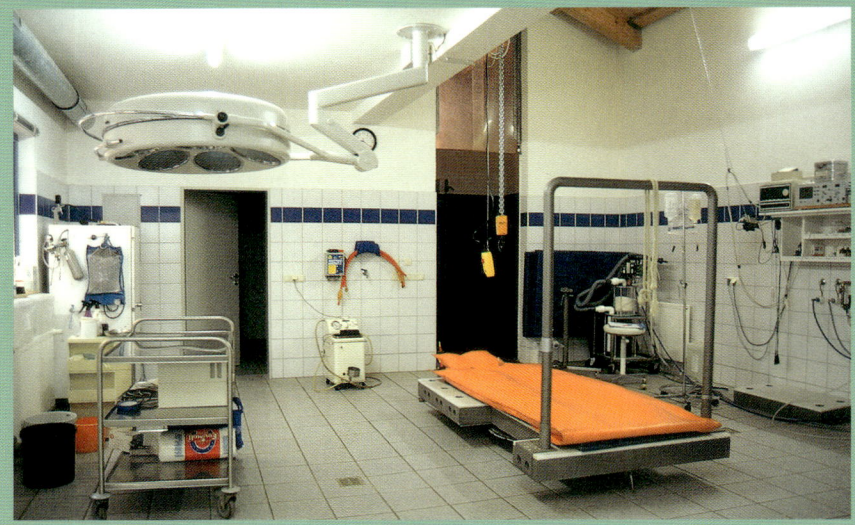

Ob medizinische Behandlung, passende Ausrüstung oder liebevolle Betreuung ...

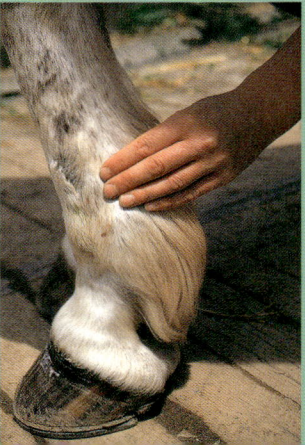
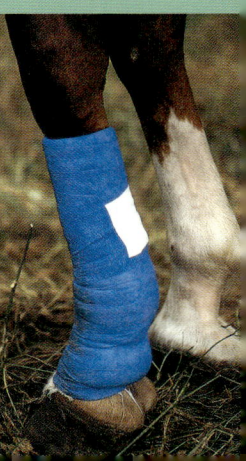

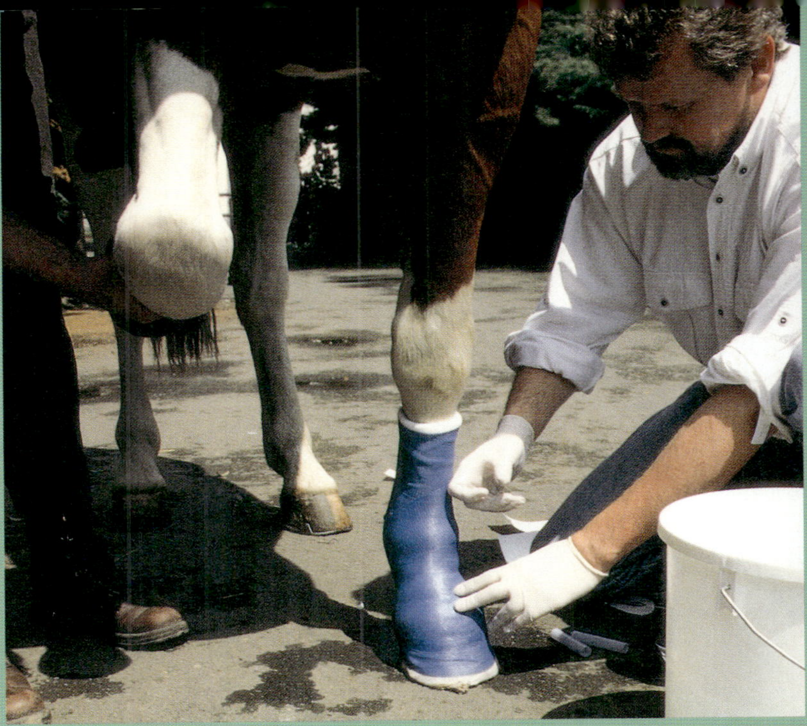

... das richtige Knowhow
hilft Ihnen, Ihr Pferd gesund
zu erhalten

Praxis-Wissen

Ein paar Gedanken vorab

Sie fühlen sich »top-fit«, könnten »Bäume ausreißen«? Dann bestätigt Ihnen Ihr Hausarzt bei der nächsten Routineuntersuchung sicherlich erfreut: »Sie sind rundum gesund!« Ihr Körper funktioniert reibungslos, Sie sind mit Ihren Lebensumständen zufrieden und fühlen sich im Kreise Ihrer Familie und Ihrer Freunde geborgen.

Auch bei Ihrem Pferd sind körperliches und seelisches Wohlbefinden untrennbar miteinander verbunden. Ihnen als Pferdehalter kommt dabei eine wichtige Rolle zu: Sie bestimmen über Haltungsform, Fütterung und Pflege und beschäftigen sich mit ihm auf vielfältige Weise. Ihr Pferd soll sich dabei rundum wohl fühlen und seine Aufgaben eifrig und freudig erfüllen. Aus diesem Grund müssen Sie sorgsam auf seine Gesundheit achten.

Welche Aufgaben dabei auf Sie zukommen, erläutert Ihnen dieser Ratgeber. Er will Ihnen aufzeigen, wie Sie durch eine Vielzahl von Maßnahmen Krankheiten vorbeugen können und wie Sie in den Bereichen, in denen sich Ihr Pferd bewegt, Unfälle verhüten können.

Sie erfahren, worauf Sie bei der Ausrüstung achten müssen und bekommen wertvolle Sicherheits-Tipps fürs Reiten in der Reitbahn, im Straßenverkehr und im Gelände.

Damit Sie auch für Notfälle gewappnet sind, werden Sie in einem speziellen Kapitel auf mögliche Krankheiten oder Unfälle hingewiesen und erfahren, welche praktischen Erste-Hilfe-Maßnahmen Sie hier ergreifen können.

Mit diesem Rüstzeug und dem guten Gefühl, alles Erforderliche für Ihren vierbeinigen Partner getan zu haben, können Sie Ihr »Hobby Pferd« erst richtig genießen – und dabei wünschen Ihnen der Verlag und die Autorin viel Freude!

Gesundheit und Wohlbefinden

Gesundheit ist eine der wichtigsten Voraussetzungen für eine hohe Lebensqualität. Ihr Pferd ist gesund, wenn der Tierarzt bei ihm weder Erkrankungen noch pathologische, also krankhafte körperliche Veränderungen feststellen kann. Ist es darüber hinaus auch mit seinen Lebensbedingungen zufrieden, zeigt es sich ausgeglichen und voller Arbeitseifer.

Tierschutz

Ihr Pferd braucht Sie auf vielerlei Weise: Es muss sich darauf verlassen können, dass Sie es schützen, ernähren, pflegen und beschäftigen. Damit Tieren diese eigentlich selbstverständlichen Lebensbedingungen gesichert werden, hat der Gesetzgeber das so genannte Tierschutzgesetz erlassen. Es gilt als Leitfaden für jede Tierhaltung, also auch für die Haltung des Pferdes. Es lautet: »Wer ein Tier hält, betreut oder zu betreuen hat, muss dem Tier angemessene, artgemäße Nahrung und Pflege sowie eine verhaltensgerechte Unterbringung gewähren« und »er darf das artgemäße Bewegungsbedürfnis eines Tieres nicht dauernd und nicht so einschränken, dass dem Tier vermeidbare Schmerzen, Leiden oder Schäden zugefügt werden«.

Ist das Pferd gesund, wird Freizeitreiten für Mensch und Tier zum Genuss.

Horsemanship und Sportsmanship

Horsemanship und Sportsmanship gehen Hand in Hand. Der Leitgedanke eines jeden Sports ist Fairness. Als Pferdesportler verhalten Sie sich nicht nur Ihren Mitreitern, sondern auch Ihrem Pferd gegenüber fair! All Ihre Gedanken und Handlungen müssen dem Wohl des Pferdes dienen.

Das Pferd in seiner Ganzheit verstehen

Alle Schutz- und Vorbeugemaßnahmen beeinflussen das Leben Ihres Pferdes – sowohl positiv als möglicherweise auch negativ. Einerseits soll Ihr Kamerad nirgendwo zu Schaden kommen, andererseits wollen Sie ihm ein pferdegemäßes Leben nicht verweigern. Damit diese Gratwanderung gelingt, müssen Sie Ihren vierbeinigen Partner als »Ganzheit« aus Körper und Psyche verstehen. Seine körperliche Unversehrtheit ist ein wichtiger Stützpfeiler seiner Gesundheit, sein psychisches Wohlbefinden ein zweiter. Beide Komponenten beeinflussen einander stark.

> ## ❗ Wichtig
>
> Das beeinflusst die Gesundheit Ihres Pferdes:
> - Optimale Haltungsbedingungen
> - Leistungsgerechte Fütterung
> - Sachgerechte Huf- und Körperkontrolle sowie -pflege
> - Regelmäßige Schutzimpfungen und Wurmkuren
> - Sicherheitsvorkehrungen im gesamten Haltungsbereich
> - Beachten von Sicherheitsregeln im Umgang mit dem Pferd und beim Reiten
> - Sorgfältige Auswahl der passenden Ausrüstungsteile
> - Umfangreiche Vorbereitung auf den Notfall
> - Umfassende Erste-Hilfe-Kenntnisse
> - Optimale Heilbehandlung und Rehabilitation im Falle einer Erkrankung

Lebensqualität heißt auch: ein Leben unter Artgenossen.

Gesundheitsvorsorge

Im alten China wurden Ärzte nicht bezahlt, wenn sie Kranke heilten, sondern wenn es ihnen gelang, ihre Patienten gesund zu erhalten! Diese Praxis birgt eine tiefe Weisheit, denn natürlich ist es sinnvoller, Krankheiten und Unfällen vorzubeugen als deren Folgen zu kurieren. In diesem Kapitel erfahren Sie, was Sie vorbeugend für Gesundheit und Wohlbefinden Ihres Pferdes tun können.

Artgerechte Haltung

Das Pferd stellt hohe Ansprüche an die Haltungsform.

Die Domestikation hat die Bedürfnisse Ihres Pferdes nicht vollständig verändern können. Das Pferd ist und bleibt ein Steppen-, ein Herden- und ein Fluchttier und es möchte als solches gehalten und behandelt werden.

Das Steppentier Pferd braucht

- viel Sonnenlicht und frische Luft (auch im Stall),
- eine trockene, saubere Liegefläche,
- Gräser und Kräuter als Hauptnahrung,
- kleine, auf viele Portionen verteilte Mahlzeiten.

Diese Bedingungen härten seinen Organismus ab, erhalten sein hormonelles Gleichgewicht, beugen Parasitenbefall, Erkrankungen der Atem- und Harnwege, des Verdauungssystems sowie rheumatischen Erkrankungen vor und tragen zu seiner Zufriedenheit bei.

Das Herdentier Pferd braucht

● die Gesellschaft anderer Pferde,

● das Geborgenheitsgefühl und den Schutz der Herde.

Dies verhilft ihm zu Gelassenheit und Nervenstärke, was wiederum Unfällen – zum Beispiel durch Scheuen oder Durchgehen – vorbeugen kann. Artgenossen sind das beste Mittel gegen Langeweile und »Stalluntugenden« wie Koppen, Weben oder Boxenrundlaufen, die zu Krankheiten führen können.

Der Artgenosse ist Spielkamerad, Freund und Beschützer zugleich.

Das Fluchttier Pferd braucht

● mehrere Stunden freie Bewegung am Tag,

● ungehinderte Sicht auf seine Umgebung,

● abwechslungsreiche Beschäftigung,

● Aufwärm-Möglichkeit vor der Arbeit.

Das kurbelt sein Herz-Kreislauf-System an, kräftigt seinen Bewegungsapparat, schützt es vor vorzeitigem Verschleiß und hält es psychisch frisch.

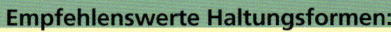

Empfehlenswerte Haltungsformen:

● Saubere, gut eingestreute Einzelbox mit befestigtem Paddock – plus Auslauf in geschlechtsspezifischer Pferdegruppe bzw. Weidegang.

● Gemeinschaftspaddock mit überdachten Liegebereichen und befestigten wie auch unbefestigten Lauf- und Spielzonen.

● Geräumiger, sauber eingestreuter Laufstall mit freiem Zugang zu Paddock oder Weide.

● Zugfreier geräumiger Offenstall mit Zugang zu Paddock oder Weide.

Pferde richtig füttern

Pferde haben einen kleinen Magen und einen langen Darm. Deshalb brauchen sie regelmäßig kleine Mengen von eher härteren, mit Kräutern durchsetzten Gräsern. Wenn Ihr Pferd Leistung bringen soll, reichen Gräser allein jedoch nicht aus. Wenn es gesund bleiben soll, müssen Sie sorgsam darauf achten, welche Futterarten in welchen Mengen und in welcher Qualität es zu sich nimmt.

Futtermenge

Die Futtermenge hängt von Haltung und Nutzungsintensität ab. Es gibt also keine Pauschalrezepte. Als kleine Richtschnur dient folgende Mengenberechnung: Ein Pferd in der Größe des Deutschen Reitpferdes braucht bei 1 Stunde Arbeit zirka 6 kg Heu (auf

2 Mahlzeiten verteilt) bei Haltung auf Stroh, bzw. 7,5 kg Heu bei Haltung auf Spänen sowie 3–3,75 kg Hafer (auf 3 Mahlzeiten verteilt). Darüber hinaus freut es sich über saftiges Zusatzfutter (jeweils entweder/oder) in Form von Zuckerrüben (höchstens aber 3 kg), eingeweichten Trockenschnitzel (höchstens 2 kg, ersetzen Hafer 1:1), Melasse (höchstens 0,5 kg), Möhren (3 kg), Äpfel (4–5 Stück). Ist Ihr Pferd kleiner, setzen Sie entsprechend geringere Mengen an.

Kraftfutter – hier Hafer – muss hochwertig sein und genau portioniert werden.

Futterqualität

Futter mit unzureichendem Nährstoffgehalt führt zu Mangelerscheinungen, verdorbenes Futter ruft schwerste bis lebensgefährliche Verdauungsstörungen hervor. Bei unsachgemäßer Lagerung verderben auch ursprünglich einwandfreie Futtermittel schnell. Werfen Sie daher ruhig in Ihrer Stallanlage einen Blick in Futterkammer und Heuboden. Beide müssen trocken, kühl, luftig und absolut sauber sein!

Wie sieht einwandfreies Futter aus?

- Guter Hafer hat rundlich gelbliche Körner, ist staubfrei und riecht gut. Vorsicht vor Belägen und Verunreinigungen!

- Hochwertiges Heu ist zartgrün, griffig, hat härtere Stängel, viel Blattmasse und würzigen Geruch. Vorsicht bei Verunreinigung durch Erde, Fremdkörper, Staub oder Schimmelbefall!

- Futterstroh muss golden oder gelblich, rau, geruchlos und trocken sein. Vorsicht bei muffigem Geruch, Staub, Verunreinigungen, Unkräutern und vor allem Schimmelbefall!

Mineralstoffe und Vitamine

Bei normaler Nutzung decken Weidegang und gutes Grundfutter den Bedarf Ihres Freizeitpferdes an Mineralstoffen und Vitaminen. Im Winter oder bei intensiverer Nutzung füttern Sie eine mit Vitaminen angereicherte Mineralstoffmischung zu.

Fütterungsbedingungen

Ihr Pferd braucht Ruhe zum Fressen, damit der Verdauungsprozess nicht gestört wird. Sonst kaut es ungenügend und schluckt zu hastig. Schlundverstopfungen können die Folge sein. Reichen Sie Krippenfutter daher in der Einzelbox, an separaten Futterplätzen, in Einzelfressständen oder in einem umgehängten Futtereimer. Raufutter legen Sie in Futterraufen oder hinter Fressgittern reichlich und breit gestreut vor.

Schutz vor Giftpflanzen

Es gibt viele Pflanzen, die chemische Stoffe enthalten, welche bereits in kleinen Mengen Vergiftungen hervorrufen. Ist Ihr Pferd an Weidehaltung gewöhnt, meidet es Giftpflanzen meist instinktiv. Doch Fohlen, Jungpferde oder überwiegend im Stall gehaltene, aber auch erschöpfte und gelangweilte Pferde nehmen manchmal Giftpflanzen auf. Diese dürfen daher weder auf den Weideflächen noch über die Einzäunung hinweg oder irgendwo im Bereich der Stallanlage vom Pferd erreichbar sein!

Beachte:

Die häufigsten Giftpflanzen

Abendländischer Lebensbaum, Besenginster, Buchsbaum, Kronwicke, Christrose, Eibe, Einbeere, Eisenhut, Garten- oder Schlafmohn, Schierling, Goldregen, Fingerhut, Herbstzeitlose, Kirschlorbeer, Liguster, Maiglöckchen, Pfaffenhütchen. Robinie, Schöllkraut, Schwarzer Holunder, Seidelbast, Tollkirsche, Stechapfel, Zwergholunder.

! Das sollten Sie täglich tun:

- Tränken Sie nur mit Leitungswasser oder frischem Quellwasser. Regenwasser, fließende oder gar stehende Gewässer sind zu stark mit Schadstoffen belastet!
- Kontrollieren Sie täglich Mechanismus und Sauberkeit der Selbsttränke.
- Reinigen Sie die Tränkeimer gründlich.
- Halten Sie die Tränkbehältnisse im Paddock oder auf der Weide sauber und im Winter eisfrei.

Wasser

Ihr Pferd braucht frisches, sauberes Wasser, damit Verdauung, Stoffwechsel und Wämehaushalt perfekt funktionieren. Der tägliche Bedarf liegt bei 5–12 l pro 100 kg Lebendgewicht, abhängig vom Wassergehalt des Futters, von Beritt und Witterung. Bereits 10 % weniger Wasser können zu Störungen, 20 % weniger zum Tod führen.

Wasser ist zu jeder Jahreszeit ein wahres Lebenselixier!

Für ausreichend Bewegung sorgen

Als Fluchttier möchte sich Ihr Pferd ungehindert bewegen können, dabei wird die Muskulatur optimal durchblutet, die Gelenke bleiben beweglich.

Bei Boxenhaltung werden die Gliedmaßen Ihres Pferdes nur »punktuell« belastet, die Produktion der »Gelenkschmiere« geht zurück. Wärmen Sie Ihr Pferd deshalb nach jedem Stallaufenthalt 20 Minuten im Schritt auf, ehe Sie höhere Gangarten oder Sprünge fordern.

Körperkontrolle: am besten täglich

Je besser Sie Ihr Pferd kennen, desto eher entdecken Sie, wenn mit ihm etwas nicht stimmt. Deshalb ist es wichtig, dass Sie Ihr Pferd an jeder Körperstelle berühren dürfen. So können Sie schon beim Putzen Veränderungen feststellen,

die möglicherweise auf eine gesundheitliche Störung hinweisen (mehr darüber im Kapitel »Erste Hilfe«). Außerdem müssen Sie erkennen können, ob Ihr Pferd richtig gefüttert wird. Die Rippen sollten im Stand nicht, in der Bewegung dürfen sie zu sehen sein. Beim Abtasten sollten die Rippen durch die Haut fühlbar sein.

Körperpflege

Die Fellpflege stimmen Sie auf Gebrauch und Haltungsform ab. Zu Ihren regelmäßigen Aufgaben gehört das Putzen vor und nach dem Reiten, das Waschen und Abspritzen der Beine und Hufe (bei Bedarf auch des ganzen Körpers), die Pflege und, falls erforderlich, das Kürzen von Mähne und Schweif und – wenn notwendig – auch das Scheren bestimmter Fellpartien.

Putztechnik

● Entfernen Sie groben Schmutz mit sanften Strichen, damit weder Fellhaare ausgerissen noch die Haut verletzt wird.

● Massieren Sie mit dem Massagestriegel in kreisenden Bewegungen, das regt die Hautdurchblutung an.

● Bürsten Sie mit der Kardätsche in Richtung des Fellstrichs.

● Waschen Sie Augenwinkel, Nüstern und Maul mit einem sauberen Schwamm aus.

● Reinigen Sie die Afterrosette mit einem separaten Schwamm.

> **!**
>
> ## Putzutensilien
>
> ● (Grober) Striegel bei starken Verschmutzungen
> ● Noppenstriegel während des Haarwechsels
> ● Massagestriegel
> ● Fellkratzer (für getrockneten Schlamm)
> ● Kardätsche
> ● Wurzelbürste
> ● Hufräumer
> ● Schweißmesser
> ● Mähnenbürste und -kamm
> ● Mehrere Schwämme

● Gewöhnen Sie Ihre Stute/Ihren Wallach daran, dass Sie Euter/Schlauch mit einem feuchtwarmen Frottierlappen abreiben.

● Lösen Sie Mähnen- und Schweifhaare vorsichtig einzeln und bürsten mit einer angefeuchteten Bürste nach.

● Schamponieren Sie Ihr Pferd nur selten, denn das Hautfett bildet einen natürlichen Schutz.

● Ziehen Sie überständiges Wasser mit dem Schweißmesser ab und lassen Sie Ihr Pferd an einem geschützten, sonnigen Ort trocknen.

● Rasieren Sie weder die Tasthaare an Nüstern und Maul ab noch die pelzigen Härchen im Ohr.

● Entfernen Sie weder Kötenhaare noch die Haare am Schweifansatz – sie schützen Fesselbeuge bzw. Genitalregion.

Hufpflege

Räumen Sie vor und nach jeder Arbeit Mist, Sand und Erde sorgsam aus den Hufen und entfernen Sie Fremdkörper, die sich eventuell festgesetzt haben. Reinigen Sie den Huf regelmäßig mit klarem Wasser und einer Bürste. Fett benötigt er normalerweise nicht. Nach dem Waschen können Sie gelegentlich einen guten Hufbalsam auftragen, das sorgt für einen schönen Glanz.

Hufschutz

Für unsere Pferde reicht die natürliche Hornglocke mit Sohle und Strahl leider meist nicht mehr aus. Je nach Hornqualität, Gliedmaßenstellung und Einsatz bringt der Hufschmied daher einen Hufschutz an.

Stollen sind sinnvoll, wenn das Pferd häufig im Gelände geht oder springt.

Eisenbeschlag

Der traditionelle Hufschutz ist der Eisenbeschlag. Er schützt das Horn vor zu schnellem Abrieb und verleiht dem Huf mehr »Griff«. Da Eisen heiß verformbar ist, lässt es sich optimal anpassen und auch für orthopädische Zwecke umformen. Die Verwendung von Spezialstiften oder Stollen gibt Ihrem Pferd einen guten Gleitschutz und Sicherheit beim Springen.

Kunststoffbeschlag

Kunststoffbeschläge werden wie konservative Hufeisen aufgenagelt. Sie haben ein geringeres Gewicht und sind meist preisgünstiger, eignen sich aber nicht für orthopädische Beschläge.

Hufschuhe

Möchten Sie Ihr Pferd nicht beschlagen, können Sie auf anschnallbare oder anklebbare Hufschuhe aus Kunststoff oder Gummi ausweichen. Sie dämpfen Stöße gut, nehmen Ihrem Pferd aber oft die Leichtfüßigkeit. Vor Anpassen und Anlegen des Hufschuhs muss der Huf sorgsam ausgeschnitten werden.

Hoofgrip

Hoofgrip ist eine Gummiwulst, die verhindert, dass Schnee am kalten Eisen »festklebt« und sich unter den Hufen aufstollt. Solche Schneeballen haben schon viele Sehnen- oder Bänderverletzungen und Stürze verursacht!

Barhuf

Voraussetzung für barhufiges Laufen sind korrekt gestellte Beine, ein gesunder, harter Huf und eine Umgebung mit wenig Asphalt und Schotter. Nach dem Abnehmen der Eisen und sorgfältigem Berunden des Hufes dürfen Sie mindestens 8 Wochen nicht reiten. Ihr Pferd sollte sich in Stall, Paddock und Weide sowohl auf weichem als auch auf befestigtem Boden bewegen können. Die Hufe lassen Sie alle 3–5 Wochen nachschneiden.

Gliedmaßenschutz

Beim Pferdebein ist der Teil zwischen Karpal- bzw. Sprunggelenk und Hufrand besonders empfindlich. Verletzungen heilen langsam. Beugen Sie Tritten, Stößen und Abschürfungen vor, indem Sie die Beine durch Bandagen, Sehnenschoner oder Gamaschen schützen, welche die Funktion von Bändern und Sehnen fördern und durch ihre leichte Massagewirkung die Durchblutung anregen. Nach harter Arbeit freut sich Ihr Pferd über wärmende Stallbandagen, beim Transport schützen gepolsterte Transportgamaschen seine Beine.

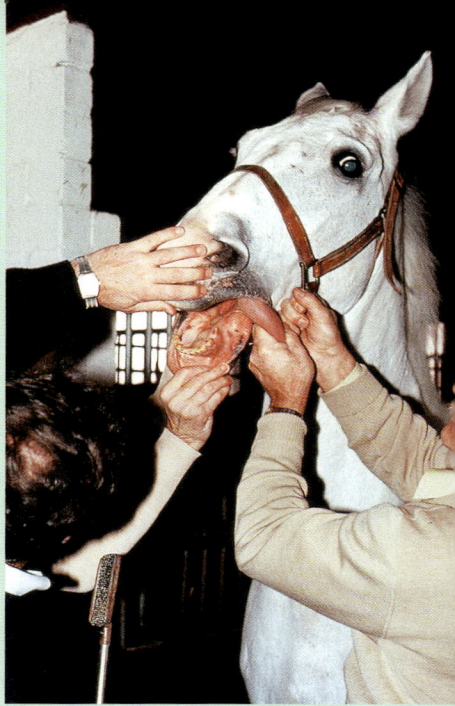

Maul- und Zahnkontrolle

Wussten Sie, dass die Verdauung Ihres Pferdes in der Maulhöhle beginnt? Jede Unregelmäßigkeit dort, jeder Schmerz behindert Ihr Pferd beim Kauen und Einspeicheln, stört den Verdauungsprozess und kann zu gesundheitlichen Schäden führen.

Symptome für Zahn- und Kieferprobleme

● Unerklärlicher Konditions- und Gewichtsverlust
● Kolikneigung
● Haferkörner in den Pferdeäpfeln
● Fallenlassen von Körnern beim Fressen von Kraftfutter
● Aus dem Maul fallende »Halmenwickel« beim Grasen oder Heufressen
● Zähneknirschen
● Hochwerfen des Kopfes

Tritt eines dieser Symptome auf, verständigen Sie den Tierarzt. Oft diagnostiziert er Zahnstufen, fehlende, gebrochene oder missgestaltete Zähne und/oder Verletzungen, Entzündungen von Zunge, Laden und Schleimhäuten.

Zweimal im Jahr sollten Sie Ihrem Pferd ins Maul schauen lassen.

Erkältungsprophylaxe

Anders als beim Menschen sind für Pferde Erkältungen oft Auslöser für eine schwer wiegende Erkrankung.

Vorbeugende Maßnahmen

- Bei Auslaufhaltung muss sich Ihr Pferd jederzeit unter ein Schutzdach zurückziehen können.
- Eine dick eingestreute Liegefläche schützt vor Harnwegsinfekten.
- Reiten Sie Ihr Pferd nie schweißnass. Lassen Sie den Ritt im Schritt ausklingen, damit sich die Körpertemperatur normalisiert und das Fell trocknet.
- Nach dem Reiten legen Sie eine Abschwitzdecke auf. Ihre Fasermischung transportiert Körperfeuchtigkeit auf die obere Deckenseite. Nehmen Sie die Abschwitzdecke ab, sobald das Fell trocken ist.
- Waschen Sie Ihr Pferd im Winter niemals ganz, sondern spülen Sie lediglich die Beine bis in Höhe der Karpal- bzw. Sprunggelenke ab.
- Ob Ihr Pferd tagsüber oder nachts in Stall oder Paddock eine Decke braucht, entscheiden Sie mit Ihrem Tierarzt. Bei hochblütigen Pferden mit eher seidigem Fell kann bei Offenstallhaltung eine Allwetterdecke sinnvoll sein.
- Unverzichtbar ist die Tag- und Nachteindeckung bei geschorenen Sportpferden.

Im Winter beugen Sie Erkältungen vor, wenn Sie Ihr Pferd in Rittpausen eindecken.

Schutz vor Hitze und Sonne

Auch die heißen Tage bergen für Ihr Pferd gesundheitliche Gefahren: Hitzschlag, Hitzeschock und Sonnenbrand drohen.

Vorbeugende Maßnahmen

● Fehlen auf der Koppel Unterstände oder breitkronige Bäume, lassen Sie Ihr Pferd hier besser nur nachts weiden.

● Was sonst selbstverständlich ist, hat im Sommer besondere Bedeutung: Pferde brauchen jederzeit Zugang zu frischem, kühlem Wasser.

● Salzlecksteine helfen ihm, mit dem Schweiß ausgeschiedene Körpersalze zu ergänzen.

● Reiten Sie an heißen Tagen morgens oder abends, suchen Sie schattige Routen aus und tränken Sie Ihr Pferd vor dem Reiten. (Mehr über Hitzeschock und Hitzschlag im Kapitel »Erste Hilfe«).

● Zu viel Sonne schadet vor allem den unpigmentierten Stellen am Pferdekörper, zum Beispiel den Nüstern. Tragen Sie daher parfumfreien, allergiegetesteten Sunblocker auf die gefährdeten Partien auf. Vor allem hellhäutige Pferde und helle Füchse erkranken häufig an Sonnenallergie. Diese Fotosensibilität ist mit starken Hautreaktionen wie Schwellungen, Quaddelbildung und Juckreiz verbunden. Schattige Aufenthaltsorte sind daher ein Muss!

Insektenschutz

Die sommerlichen Plagegeister irritieren Ihr Pferd bei der Arbeit, stören seinen Frieden auf der Weide und lösen gelegentlich Erkrankungen aus. Bei Stechmücke und -fliege, Laus, Floh oder Ameise schwillt die Bissstelle an, juckt und schmerzt kurze Zeit. Gefährlich wird es, wenn das Insekt Krankheitserreger überträgt. Bienen, Wespen, Hornissen und Hummeln geben beim Stich auch Gift ab. Die Stichstelle rötet sich, schwillt schmerzhaft an und bildet eine Quaddel. Sticht ein Insekt in der Maulhöhle zu, können Rachen- oder Kehlkopfschleimhaut so stark anschwellen, dass die Atmung lebensbedrohlich behindert und ein Luftröhrenschnitt notwendig wird.

Vorbeugende Maßnahmen
● Reiten Sie an schwülen Tagen nicht im Wald und lassen Sie Ihr Pferd nicht in Waldnähe weiden, denn dort wird es von stechlustigen Bremsen gequält.
● Meiden Sie Mischbeweidungen mit Rindern. Sie ziehen Stechfliegen an, die Zwischenwirte für parasitäre Würmer sind und Krankheitserreger übertragen.
● Hängen Sie Fliegenschutzvorhänge an den Stalltüren und Gazeeinsätze in den Fensteröffnungen auf.

Eine Fliegen-
schutzmaske mit
»Ohrenhütchen«
hält lästige
Insekten fern.

● Fliegenschutzmasken mit Ohrenkappen schützen nicht nur die Augen des Pferdes. Sie beugen auch Grasmilbenbefall vor.
● Suchen Sie Ihr Pferd täglich mindestens einmal nach Zecken ab, entfernen Sie die Tiere mit einer Pinzette und tragen Sie eine antibiotische Salbe auf. Zecken übertragen Zeckenenzephalitis, Zeckenborreliosen und Piroplasmosen.
● Reiben Sie Ihr Pferd täglich mit einem Insekten vertreibenden Mittel – einem so genannten Repellent – ein.
● Ziehen Sie Ihrem Pferd im Stall eine Sommerdecke an. Die enge Maschenknüpfung verhindert, dass Insekten sich auf dem Körper niederlassen.

**Ekzemerdecke:
wirksamer Schutz
gegen das
Sommerekzem.**

Schutz vor Sommerekzem

Das Sommerekzem ist eine allergische, erblich bedingte Hautkrankheit. Unabhängig von der Rasse, reagieren heute viele Pferde überempfindlich auf den Stich der Kriebelmücke. Die betroffenen Hautpartien röten sich, schwellen an und entzünden sich. Der damit verbundene Juckreiz verleitet Pferde zum übermäßigen Scheuern. Das führt zu Haarausfall an Körper, Mähnenkamm und Schweifrübe.

Vorbeugende Maßnahmen
● Bringen Sie Ihr Pferd in einer Anlage unter, in der es jederzeit frei zwischen Stall und Koppel oder Paddock wählen kann und fliegenfreie Schattenplätze vorfindet.
● Reduzieren Sie die Menge eiweißreichen Futters.
● Tragen Sie aufs ganze Pferd ein Repellent in Ölsprayform auf (weitere Behandlungshinweise im Kapitel »Erste Hilfe«).
● Investieren Sie in eine Ekzemerdecke. Sie hüllt Ihr Pferd auf der Weide vom Kopf bis zu den Karpal- und Sprunggelenken ein.
● Nahrungsergänzungsmittel, wie Knoblauch, Knoblauch-Kräuter-Mischungen oder Algenmikronate, sollen Stoffwechselstörungen ausgleichen und Insekten sozusagen von innen vertreiben.

Schutzimpfungen

Zu den wichtigsten Vorbeugemaßnahmen gehören Schutzimpfungen, die das Pferd gegen bestimmte Krankheitserreger oder andere Gifte immunisieren. Für die Impfung muss das Tier gesund sein und im Anschluss darf nicht intensiv gearbeitet werden. Unverzichtbar sind Impfungen gegen Wundstarrkrampf (Tetanus), Tollwut und Pferdegrippe. Einige Tierärzte raten auch zu einer Impfung gegen Rhinopneumonitis.

Wurmkuren

Auch wenn Sie Hygiene im Stall, im Paddock und auf der Weide groß schreiben, können Sie einen Wurmbefall beim Pferd nie ganz ausschließen. Er führt zu einem schlechten Allgemeinzustand des Tieres, zu Blutarmut sowie Gewichtsverlust und kann schwere Koliken hervorrufen. Die häufigsten beim Pferd vorkommenden Wurmarten sind Blut- oder Palisadenwurm, Trichomonaden, Spulwurm, Bandwurm, Lungenwurm und Pfriemenschwanz. Die Magendasselfliege, deren Larven sich im Pferdemagen entwickeln, wird ebenfalls mit Entwurmungsmitteln bekämpft.

Vorbeugende Maßnahmen
Nach Absprache mit dem Tierarzt geben Sie vorbeugend die jeweils empfohlene Wurmkur.
● Beim Saugfohlen ab dem 7. Lebenstag dreimal in einwöchigem Abstand, dann alle 8 Wochen
● Beim erwachsenen Pferd viermal pro Jahr
● Bei ganzjährigem Weidegang zirka alle 8 Wochen
● Schaben Sie außerdem die gelblichen Dasseleier restlos aus dem Fell Ihres Pferdes.

Mindestens viermal im Jahr ist eine Wurmkur fällig.

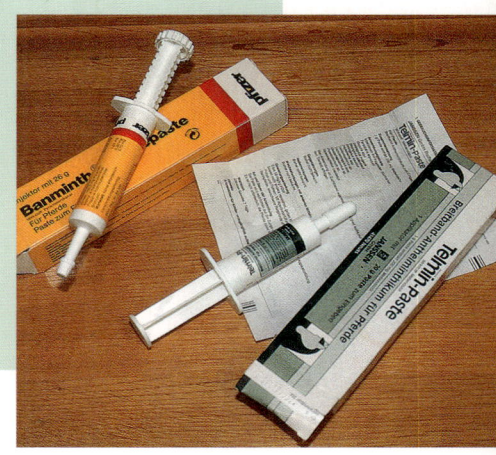

Sicherheit in Stall und Hof

Die baulichen Gegebenheiten der Haltungsanlage dürfen keine Gefahren bergen!

Viele Unfälle und Erkrankungen entstehen aus Unwissenheit und Nachlässigkeit. Machen Sie es sich daher zur Gewohnheit, Ihren Reitbetrieb regelmäßig kritisch unter die Lupe zu nehmen, um Risikofaktoren und mögliche Unfallauslöser frühzeitig zu erkennen und auszuräumen!

Machen Sie eine Bestandsaufnahme

Stall und Paddock sind wichtige Lebensräume Ihres Pferdes, die es in keiner Weise in Gefahr bringen dürfen. Am besten, Sie machen an einem der nächsten Wochenenden eine gründliche Bestandsaufnahme! Begeben Sie sich auf einen Rundgang durch die Anlage. Nehmen Sie Schreibblock, Filzschreiber, Zollstock, Maßband, einen Einkaufskorb, eine Rolle rote Kordel oder Absperrband, eine Schere oder ein Wanderreitermesser mit.

Überprüfen Sie jeden Haltungsbereich einzeln von links nach rechts und von oben nach unten im Uhrzeigersinn. Notieren Sie alle Abmessungen (Deckenhöhe, Höhe und Breite von Stall- und Boxentüren, Abstände zwischen Trenn- und Fressgittern und Raufenstäben). Kontrollieren Sie, ob alle Mechanismen funktionieren (Selbsttränke, Türriegelsysteme, Wasserleitungen).

Prüfen Sie die Oberflächen von Böden und Wänden (griffig, warm, glatt, staubig, rutschig, kalt, feucht, klamm usw.).

Spüren Sie bauliche Defekte auf, notieren Sie sie und markieren Sie sie vor Ort mit roter Kordel.

Beheben Sie, wo möglich, Mängel sofort oder bessern Sie sie notdürftig aus, um akute Gefahren zu vermeiden (gesprungene Scheibe abkleben oder herausnehmen und durch Pappkarton ersetzen; hervorragende Teile mit Polsterwatte und Isolierband abpolstern usw.).

Hängen Sie Gerätschaften auf und entsorgen Sie Gerümpel und Müll.

Markieren Sie düstere und damit riskante Stellen und klären Sie ab, ob sich hier Lampen installieren lassen.

Damit Notlösungen nicht zum Dauerzustand werden, listen Sie Möglichkeiten auf, wie und wann Sie die Risikoquellen endgültig beseitigen könnten.

Aufhängvorrichtungen: So lässt sich bei den Gerätschaften schnell Ordnung schaffen.

Die richtigen Maße:

- Boxenwandhöhe für Großpferde: 2,20 m
- Boxenwandhöhe für Kleinpferde: 2,00 m
- Abstand zwischen den Trenngittern: unter 17 cm oder über 35 cm
- Deckenhöhe: 2,20 m für Großpferde, 2,00 m für Ponys
- Mindestbreite der Boxeneingänge: 1,10 m
- Gassenbreite beim einreihigen Boxenstall: mindestens 2,50 m
- Gassenreihe beim doppelreihigen Stall: 3,00 m
- Abstand zwischen Fressgittern: 30 cm
- Durchmesser der Rundraufe: 2,00 m

Abmessungen kontrollieren

Falsche Abmessungen stellen eine besondere Gefahr dar, denn nicht jedes Pferd bewegt sich geschickt. Stimmen die Abmessungen nicht, können Pferde sich stoßen oder festliegen, Hufe oder Beine einklemmen.

Ausläufe und Paddocks kontrollieren

Paddocks erfreuen sich großer Beliebtheit – sowohl als Ersatz für den Weidegang oder als Auslauf für Stallpferde. Paddockpferde können gezielter gefüttert, gepflegt und betreut werden und haben dennoch Pferdegesellschaft.

Damit die Pferde gesund bleiben

● Trennen Sie die Pferde nach Geschlechtern und binden Sie Neuzugänge behutsam ein. So vermeiden Sie Tritt- und Bissverletzungen durch Rangordnungskämpfe.

● Misten Sie befestigte Auslaufböden regelmäßig ab und streuen sie im Winter mit Splitt. So gleiten die Pferde seltener aus.

● Sorgen Sie für eine gute Drainage in unbefestigten Ausläufen, um Mauke (Entzündung der Fesselbeuge) zu verhindern.

● Füttern Sie rangniedrige Pferde nach, damit sie nicht an Gewicht verlieren, wenn sie vom Futterplatz verjagt werden.

Fressgitter: Der richtige Abstand zwischen den Trennstäben beugt Unfällen vor.

● Entfernen Sie verschmutztes Raufutter, um Koliken zu vermeiden.

● Achten Sie auf intakte Tränkmechanismen, eisfreie Tränken und absolut sauberes Tränkwasser, um Austrocknung vorzubeugen.

● Versehen Sie Offenställe mit breiten Dachüberständen, damit sich bei schlechtem Wetter auch rangniedrige Pferde unterstellen können und sich nicht erkälten.

● Hauterkrankungen und Verwurmung beugen Sie vor, indem Sie nicht zu viele Pferde in zu kleinen Ausläufen unterbringen.

Die Weide inspizieren

Sommerlicher Weidegang ist die artgerechteste Haltungsform. Dennoch ist ein Pferd auch auf der Koppel nicht vor Gefahren gefeit, vor allem, wenn der Zaun defekt ist, die Weide als Abstellplatz für allerlei Gerät genutzt wird und die Pferdegruppen unsensibel zusammengesetzt werden.

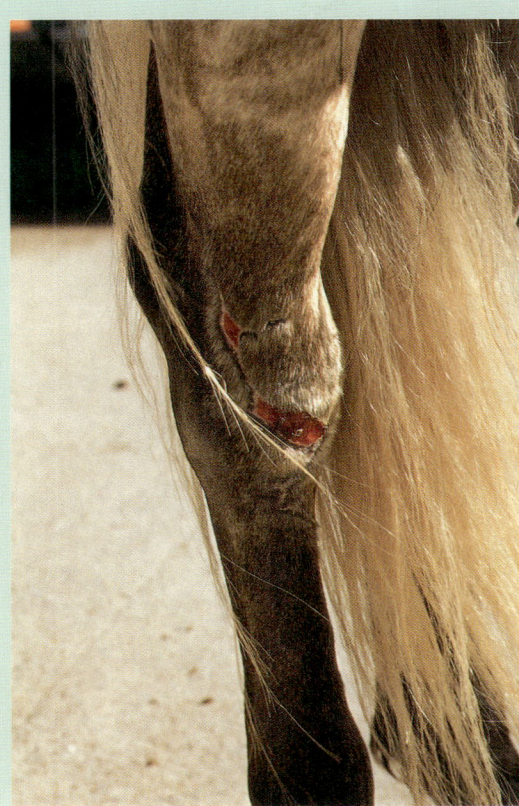

Diese Verwundung entstand auf einer mit Stacheldraht eingefriedeten Weide.

Häufige Unfälle und Erkrankungen auf der Weide
- Schwere Fleischwunden durch Stachel- und Runddrahtzäune ohne stromführenden Innenzaun
- Unterschiedliche Verletzungen bei Durchbrechen oder Überspringen ungesicherter oder zu niedriger Zäune (ein ausgebrochenes Pferd kann auf eine befahrene Straße geraten und dort einen schweren Unfall verursachen)
- Biss- und Trittverletzungen bei Rangordnungskämpfen
- Gliedmaßenverletzungen durch Ausgleiten oder Stolpern auf unebenen oder glitschigen Böden
- Koliken durch zu schnelles Anweiden oder durch Fallobst auf Weiden mit Baumbestand
- Hufrehe und Verfettung bei zu langer Weidedauer auf zu fetten, überdüngten Weiden
- Abmagerung und Sandkoliken auf abgeweideten Flächen ohne ausreichende Zufütterung
- Hitzschlag und Sonnenbrand auf Weiden ohne Schattenplätze
- Erkältungen und Harnwegsinfekte in nasskalten Sommern auf Weiden ohne Unterstand
- Vergiftungen
- Austrocknung bei Wassermangel

Stoßen neue Pferde zur Herde, kann es zu Rangordnungskämpfen kommen.

Das können Sie tun

Überprüfen Sie die individuellen Auslauf- und Weidebedingungen in Ihrer Stallanlage. Finden Sie einige der oben genannten Risikobedingungen vor, bitten Sie den Stallvermieter um schnelle Abhilfe. Ist er dazu nicht bereit, schauen Sie sich lieber nach einem anderen Stall um.

Ist der Außenplatz in Ordnung?

Selbst als eingeschworener Geländereiter nutzen Sie gelegentlich gern einen Außenplatz. Ist der Bodenbelag falsch (zu tief oder zu hart) birgt das nicht zu unterschätzende Gefahren für Sehnen, Bänder und Gelenke. Kuhlen und Steine

stören den Bewegungsrhythmus und bringen Ihr Pferd zum Stolpern. Kleine Steine setzen sich zwischen Eisen und Hufhorn fest und rufen Entzündungen der Huflederhaut hervor, wenn Sie sie nicht sofort entfernen. Wenn an Drainage und Tretschicht gespart wurde, wird der Boden bei Regen zu tief, bei Kälte gefrieren die Hufabdrücke zu steinharten Furchen und Pfützen verwandeln sich in Schlittschuhbahnen. Bitte bewegen Sie Ihr Pferd bei solchen Bedingungen niemals auf dem Platz!

Bergen Reit- und Bewegungshalle Unfallgefahren?

Eine Reit- oder Bewegungshalle erleichtert Ihnen das Bewegen Ihres Pferdes vor allem nach Feierabend und bei Schlechtwetterperioden. Viele Hallen sind nur auf den ersten Blick sicher und bergen etliche Risiken.

● In zahlreichen, aus Scheunen gebauten Bewegungshallen fehlt die hölzerne Bande. Herausragende Bauteile sind nicht ummantelt, der Bodenbelag ist zu dünn, die Beleuchtung spärlich. Die Verletzungsgefahr bei einem Sturz ist für Ihr Pferd und Sie groß.

● Hallenböden aus Abfallprodukten der Leder und Kunststoff verarbeitenden Industrie können giftige Bestandteile enthalten und Atemwegs-, Haut-, Bindehaut- und Schleimhauterkrankungen hervorrufen.

Die Ausrüstung in Schuss halten

Auch wenn das frei auf der Wiese galoppierende Pferd zu den faszinierendsten Anblicken zählt, so ist die tägliche Nutzung des Pferdes doch ohne Grundausrüstung nicht vorstellbar. Auch sie hat großen Einfluss auf seine Gesundheit. Daher müssen alle Teile Ihrem Pferd passen und aus erstklassigen Materialien solide gearbeitet sein. Ihre Aufgabe ist es, sie täglich zu kontrollieren, regelmäßig zu pflegen, richtig aufzubewahren und, wenn erforderlich, reparieren zu lassen oder auszutauschen.

Passform und Qualität von Sattel- und Zaumzeug wirken sich auf das Wohlbefinden Ihres Pferdes aus.

Passform prüfen

Alles, was nicht passt, drückt, reibt, Atmung und/oder Bewegung beeinträchtigt, nimmt Ihr Pferd als unangenehm wahr. Darüber hinaus können solche Ausrüstungsgegenstände sogar Erkrankungen hervorrufen und Unfälle provozieren. Deshalb: Vermessen Sie Ihr Pferd und kaufen Sie Ausrüstungsteile in der richtigen Größe. Für vieles – wie Halfter, Pferdedecke und Gamaschen – reicht ein Maßband. Für Gebisse gibt es Schablonen. Den Sattel lassen Sie von einem geschulten Fachverkäufer anpassen und vielleicht noch durch ein Mess-System überprüfen. Produkte für den Beinschutz richten sich nach Umfang und Länge von Fessel und/oder Röhrbein.

Auf hochwertige Materialien und Verarbeitung achten

Die gängigen Ausgangsmaterialien für die Ausrüstung sind Leder, High-Tech-Gewebe und – bei Gebissen und Sporen – Metalle und synthetische Werkstoffe. Da sie höchsten Belastungen ausgesetzt sind, müssen sie hochwertig und zugleich sorgfältig verarbeitet sein. Jede Unebenheit, jede scharfe Kante kann Verletzungen hervorrufen. Bei Billigprodukten verschleißt das Material schneller. Ein gerissener Zügel oder Bügelriemen, eine Sturzfeder am Sattel, die sich nicht öffnet, haben schon manchen Sturz verursacht. Stürmt das Pferd davon, ist die Gefahr, dass es in einen Unfall verwickelt wird, groß!

Die Gebissweite muss zur Maulanatomie passen, das Gebiss selbst korrekt auf den Laden liegen.

! So passt die Ausrüstung

- Das Nasenband des *Halfters* muss unterhalb der Jochbeinleisten sitzen, ohne die Atemwege einzuengen. Das Kehlband verläuft etwas enger als der Kehlriemen des Trensenzaumes. Verschnallen Sie es niemals zu weit, da Ihr Pferd sich sonst darin verfangen kann!

- Das *Gebiss* des Trensenzaumes muss der Breite des Pferdemauls entsprechen und an jeder Maulseite 0,5 cm bis 1 cm »Spiel« haben. Verändern Sie die Länge der Backenstücke, bis in den Maulwinkeln eine kleine Falte entsteht.

- Ein gut passender Sattel gewährt Widerrist, Schulter, Ellbogen und Nieren Freiheit und verteilt das Reitergewicht breitflächig auf dem Pferderücken. Schmutz unterm Sattel unbedingt entfernen!

- *Gamaschen* und *Bandagen* sollen gut am Bein anliegen, dürfen aber die Durchblutung nicht behindern. Fremdkörper entfernen!

- *Pferdedecken* sollten weit oben am Hals beginnen, die Brust umschließen und bis über die Schweifrübe reichen. Die Verschlüsse dürfen das Pferd nicht in der Bewegung oder beim Kot- und Harnabsatz behindern.

Ausrüstungsteile kontrollieren

Überprüfen Sie immer wieder den richtigen Sitz und die Unversehrtheit aller Teile, vor allem von Kanten und Nähten. Nach der Arbeit wiederholen Sie die Kontrolle. Reiten Sie im Dunkeln, kontrollieren Sie die Funktion von Reflex- und Blinkprodukten, die Sie sich und Ihrem Pferd anlegen.

Auch regelmäßige Sattelpflege gehört zu den gesundheitsfördernden Maßnahmen.

Ausrüstung pflegen

Vor allem beim Geländereiten werden Ausrüstungsteile schnell schmutzig und nass. Wischen oder bürsten Sie alles nach der Benutzung sauber. Pflegen Sie

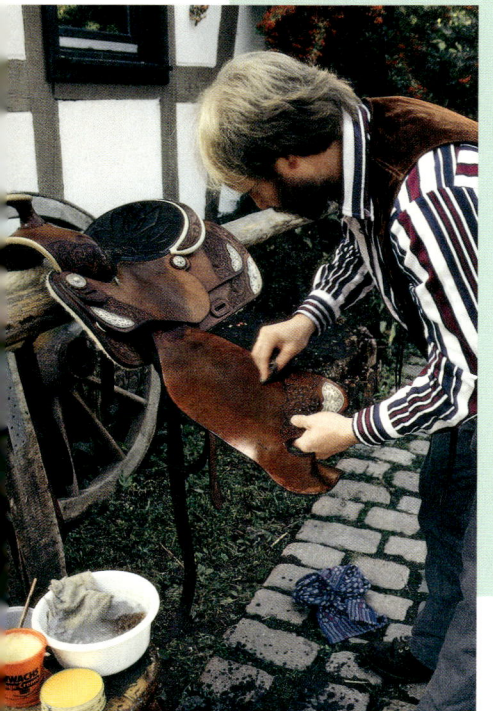

Lederteile mit Sattelseife und speziellen Fetten oder Wachsen. High-Tech-Gewebe reinigen Sie mit Bürste und klarem Wasser. Die meisten Sattelunterlagen und Pferdedecken können Sie selbst waschen. Verzichten Sie darauf ebenso wenig wie auf das regelmäßige Auswaschen und Desinfizieren von Striegeln, Kardätschen, Bürsten und Schwämmen. So beugen Sie Pilz- und parasitären Erkrankungen vor!

Sachgerechte Aufbewahrung

Das Fehlen luftiger und trockener Lagerungsmöglichkeiten für das Sattelzeug stellt in vielen Ställen ein echtes Problem dar. Bei hoher Luftfeuchtigkeit überziehen sich vor allem Lederteile mit Schimmelpilzen. Benutzen Sie diese Teile nicht am Pferd, ehe Sie die Beläge heiß abgewaschen und das Leder neu eingefettet haben, damit die Pilzsporen nicht über Atemwege oder Schleimhäute in den Organismus des Tieres gelangen!

! Täglicher Sicherheitscheck

- Sitzt das Halfter so, dass mein Pferd nicht mit dem Fuß hinein geraten kann?
- Ist der Panikhaken am Führstrick nicht ausgeleiert?
- Habe ich meinem Pferd das Halfter auf der Weide auch wirklich abgenommen?
- Ist das Gebiss intakt – sodass es weder zerbrechen noch durchgebissen werden kann?
- Sind Zügel, Bügelriemen und Sattelgurt an keiner Stelle angerissen?
- Sind alle Nähte am Sattelzeug in Ordnung?
- Ist die Sturzfeder am Sattel geöffnet?
- Habe ich den Sattel richtig angegurtet?
- Habe ich Bandagen oder Gamaschen so angelegt, dass sie sich während des Rittes nicht öffnen können?
- Habe ich nach dem Reiten meinem Pferd die Gamaschen abgenommen?

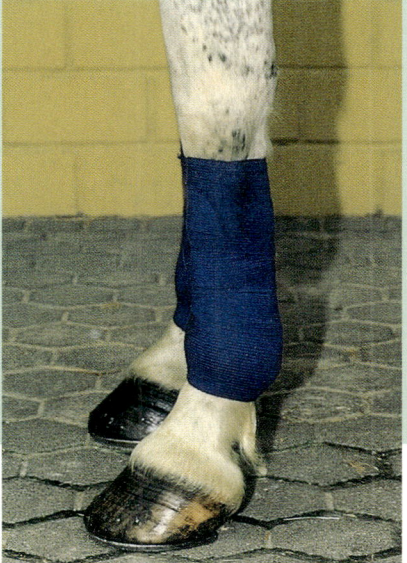

Reparaturen und Ersatzteilbeschaffung

Schieben Sie bei Defekten an den Ausrüstungsteilen die Reparatur niemals auf die lange Bank! Verzichten Sie lieber aufs Training und lassen Sie das reparaturbedürftige Teil umgehend ausbessern oder kaufen Sie Ersatz. Weichen Sie nicht ständig auf Notbehelfe aus, da mit ihnen meist Sicherheitsrisiken – und damit Gefahr für die Gesundheit Ihres Pferdes – verbunden sind.

Bandagen müssen korrekt sitzen, sie dürfen sich beim Training nicht lösen.

Der sichere Umgang mit dem Pferd

Die meisten Verletzungen beim Pferdesport gibt es nicht im Hochleistungssport, sondern beim täglichen Training. Auch wenn Sie das Zusammensein mit Ihrem Pferd unbeschwert genießen möchten, beachten Sie dabei ein paar wesentliche Sicherheitsregeln zu Ihrem und Ihres Pferdes Schutz.

Korrektes Verhalten am Pferd

In der Reitanlage mögen Sie und Ihr Pferd jeden Winkel kennen. Vergessen Sie dennoch nie, dass Ihr Pferd von Natur aus ein Fluchttier ist und seine Schreckreaktionen viele Verletzungsgefahren bergen.

Das müssen Sie »am Pferd« jederzeit beachten

● Lassen Sie Ihr Pferd beim Führen neben sich (Pferdekopf in Höhe Ihrer Schulter) oder hinter sich gehen. Es darf sich weder vordrängeln noch Sie überholen.

● Lehren Sie Ihr Pferd, in den verschiedensten Situationen still zu stehen.

● Binden Sie es stets kurz und hoch an, so dass es weder mit dem Kopf den Boden berühren noch mit dem Huf über den Anbindestrick geraten kann.

Gehorsamkeitsübung: das richtige Führen.

● Binden Sie Pferde entweder so eng nebeneinander oder in einem so großen Abstand voneinander an, dass sie einander nicht treten können.

● Bringen Sie am Anbindeplatz alle Gegenstände außer Reichweite, in die Ihr Pferd hineintreten oder die es mit Nüstern und Maul erreichen könnte.

● Entfernen Sie aus der Reitbahn Gegenstände, an denen sich Ihr Pferd, falls es außer Kontrolle gerät, verletzen könnte.

● Schließen Sie grundsätzlich hinter sich das Tor des Bereiches der Reitanlage, in dem Sie sich mit Ihrem Pferd gerade aufhalten.

Gewöhnen Sie Ihr Pferd behutsam an PKWs, LKWs und Landmaschinen.

Reiten in der Reitbahn

Die größte Gefahr kommt von außen: Ihr Pferd sieht oder hört etwas, das es erschreckt oder in Angst versetzt. Bei einer Reitbahn mit hölzerner Bande und einem federnden Bodenbelag ist dabei die Sturz- und Verletzungsgefahr für Sie als Reiter größer als für Ihr Pferd.

Reiten im Straßenverkehr

Der sicherste Weg, Unfällen vorzubeugen, besteht in einer soliden Grundausbildung Ihres Pferdes vom Boden und vom Sattel aus. Sie sollte Übungen gegen die Schreckhaftigkeit einschließen. Am sichersten sind Sie und Ihr Pferd in Begleitung eines oder mehrerer anderer Reiter auf verkehrssicheren, routinierten, älteren Pferden. Die Gelassenheit der Artgenossen flößt Ihrem Pferd Vertrauen ein.

Denken Sie daran

● Als Reiter sind Sie Verkehrsteilnehmer. Reiten Sie rechts auf der Fahrbahn – in kleinen Gruppen einzeln hintereinander, in größeren Gruppen zu zweit nebeneinander.

● Lernen Sie Regeln, Kommandos und Handzeichen für das Reiten im Straßenverkehr. Beim Einbiegen nach links wenden alle Reiter auf das Kommando »Links um« gleichzeitig ab! Kreuzungen überqueren Sie zu zweit nebeneinander und dicht aufgeschlossen gemeinsam. Der erste und letzte Reiter geben per Handzeichen den Richtungswechsel bekannt.

● Reiten Sie in der Dunkelheit und bei Nebel mit einer Ausrüstung, die Sie und Ihr Pferd für den Verkehr sichtbar macht. Praktisch sind Reflexprodukte und Blinkleuchten.

Reiten im Gelände

Ein Ausritt durch eine blühende Landschaft oder einen verschneiten Winterwald zählt zu den schönsten Erlebnissen – nicht nur für Sie! Das Gelände ist das natürliche Umfeld Ihres Pferdes. Allerdings birgt es auch erheblich mehr Risikofaktoren als Stall, Hof und Reithalle.

Mit geduldigem Üben lässt sich auch »Nervenstärke« trainieren.

Häufige Unfallursachen

- Zu schnelle Gangart auf schwierigem Boden
- Unsicherheit an Hindernissen
- Übersehen versteckter Hindernisse (Steine im tiefen Gras, Baumwurzeln auf dem Waldreitweg, Gerätschaften unter einer Schneewehe u. a.)
- Begegnungen mit Schreckauslösern (vor allem land- und forstwirtschaftlichen Maschinen)
- Sorglosigkeit bei der Bewältigung von Geländeschwierigkeiten

Je gründlicher Sie Ihr Pferd vorbereiten (zum Beispiel durch Geschicklichkeitsübungen) und je umsichtiger Sie Ihre Geländeritte gestalten, desto weniger riskante Situationen werden Sie erleben. Stimmen Sie Strecke und Tempo grundsätzlich auf den schwächsten Reiter und das unerfahrenste Pferd ab, denn alle Reiter und alle Pferde möchten gesund heimkommen!

Wichtig

Bringen Sie den Mut auf, sich von undisziplinierten Reitern zu distanzieren. Brechen Sie einen Ritt ab, wenn Ihre Mitreiter alle Sicherheitsregeln außer Acht lassen! Und lassen Sie sich niemals dazu überreden, sich durch Alkohol Mut anzutrinken!

Notfallausrüstung fürs Gelände

Nehmen Sie auf jeden Ausritt einen Hufräumer, ein kleines Jagdmesser in einer Gürtelscheide, Ihr Handy in der Gürteltasche, ein Erste-Hilfe-Set, Ihren Personalausweis und, falls vorhanden, Ihren Nofallausweis oder Allergikerpass mit. Bei längeren Geländetouren sollten Sie ein Notbeschlagwerkzeug und eine Wolldecke (hinterm Sattel zusammengerollt) mitführen. Mit dem Werkzeug helfen Sie sich bei Hufbeschlagpannen – die Wolldecke hält bei einem Unfall Pferd oder Reiter warm.

Vorbereitung für den Notfall

Natürlich wünschen Sie sich, dass ein wirklicher Notfall – eine plötzliche schwere Erkrankung oder eine größere Verletzung – niemals eintritt. Doch auch bei größtmöglicher Vorsicht sind Sie niemals ganz vor solchen Ereignissen gefeit. Je besser Sie sich darauf praktisch vorbereiten, desto weniger werden Sie im Ernstfall in Panik geraten. Und eine besonnene Reaktion kann unter Umständen das Leben Ihres vierbeinigen Freundes retten!

! Wichtig

Vereinbaren Sie mit dem Stallbetreiber, dass man umgehend Ihren Haus-Tierarzt bestellt, sobald Ihr Pferd Anzeichen einer behandlungsbedürftigen Krankheit oder Verletzung zeigt und man Sie nicht auf Anhieb erreichen kann!

Wichtig: Der Tierarzt sollte über eine gute technische Ausstattung verfügen.

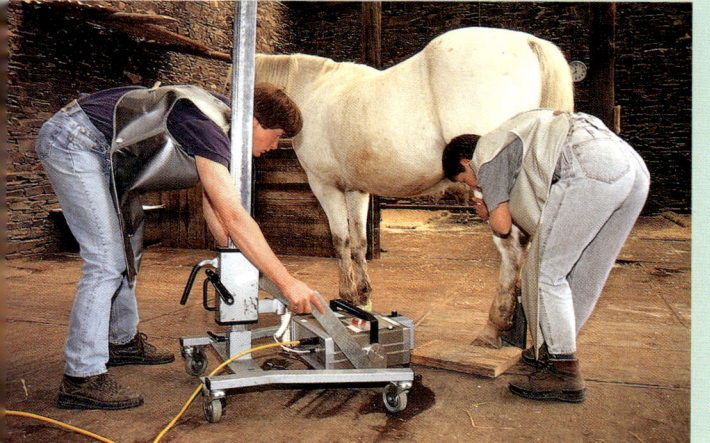

Partner Tierarzt

Der Tierarzt gehört zu Ihren wichtigsten Partnern. Je besser er Ihr Pferd, seinen Allgemeinzustand und seine Eigenheiten kennt, desto sicherer kann er eine Diagnose stellen und Sie beraten. Seine Anschrift, Sprechstundenzeiten sowie Praxis- und Handynummern gehören an Ihr Telefon, sollten in Ihr Handy einprogrammiert und auch im Stall stets griffbereit sein.

42

Die Gesundheit des Bewegungsapparates hängt auch vom richtigen Beschlag ab.

Wählen Sie einen guten Hufschmied

Viel mehr als Sie denken mögen, entscheiden Fachwissen, handwerkliches Können und orthopädisches Geschick Ihres Hufschmiedes über die Gesundheit Ihres Pferdes. Ein falsch angepasstes Eisen, ein fehlerhaft eingeschlagener Nagel können zeitweise oder – wenn die daraus entstehende Erkrankung unbehandelt bleibt – dauerhaft das Aus für seine Nutzung bedeuten! Das Befinden und die Bewegungsabläufe Ihres Pferdes nach dem Beschlag sind ein wichtiger Indikator für die Qualität des Hufschmiedes. Vorsicht vor selbst ernannten Hufexperten. Wenn Sie unsicher in der Wahl des richtigen Hufschmiedes sind, lassen Sie sich von Ihrem Tierarzt, Ihrem Ausbilder, Züchter oder von erfolgreichen Sportreitern einen Tipp geben. Auch Anschrift und Telefonnummer/n Ihres Hufschmiedes gehören auf Ihre Notfallliste.

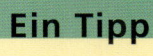

Ein Tipp

Nehmen Sie an einem Hufkurs für Freizeitreiter teil. Dort lernen Sie, wie Sie Notbeschlagwerkzeug korrekt handhaben und bei Pannen unterwegs oder im Stall ein Eisen abnehmen oder nachnageln können.

43

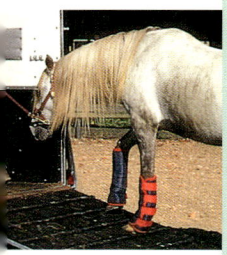

Wenn ein Pferd in die Tierklinik muss

Liegt eine Verletzung oder Erkrankung vor, die Ihr Haus-Tierarzt nicht selbst diagnostizieren oder behandeln kann, wird er die Einweisung in eine Tierklinik empfehlen. Fachkliniken für Pferde gibt es im gesamten deutschen Sprachraum. Einige, aber nicht alle, sind den Tiermedizinischen Hochschulen angeschlossen. Ernsthafte akute Erkrankungen – wie eine starke Kolik – oder schwere Verletzungen bedürfen einer schnellen Behandlung, sodass in solchen Fällen die nächste Klinik oft die beste Wahl ist. Bei Krankheiten mit chronischem Verlauf oder bei unbestimmten Lahmheiten kann es sinnvoll sein, eine Klinik auszusuchen, die sich schwerpunktmäßig mit dem entsprechenden Krankheitskreis befasst.

So können Sie sich vorbereiten

Auch wenn Ihr Pferd kerngesund ist, sollten Sie sich ruhig einmal über verschiedene Tierkliniken (zum Beispiel übers Internet) und ihre Behandlungsschwerpunkte informieren.

Fragen Sie bekannte Ausbilder, Züchter und Pferdesportler nach deren Erfahrungen.

Notieren Sie Anschriften und Telefonnummern der wichtigsten Kliniken in Ihrer näheren und weiteren Umgebung auf Ihrer Notfallliste.

Halten Sie alle notwendigen Papiere (Impfpass, Daten von Rosse und Wurmkuren, Equidenpass) und sonstige Unterlagen (frühere Röntgenbilder, Tierarztrechnungen mit Hinweisen auf Diagnosen usw.) bereit.

Packen Sie für sich einen kleinen Notfallkoffer (Waschzeug, Pyjama, Wäsche zum Wechseln, Bargeld und Scheckkarte), den Sie bloß zu greifen brauchen, wenn Ihr Pferd plötzlich in die Klinik gebracht werden muss. Ein »Notfallplan« für daheim sorgt dafür, dass Ihr Haushalt weiter funktioniert.

Der Transport

Möglicherweise besitzen Sie selbst ein Fahrzeug mit Anhängerkupplung und einen Pferdeanhänger. Auf jeden Fall sollten Sie wissen, wo Sie sich ein Gespann leihen können oder wer im Notfall sofort als routinierter Transporteur einspringt. In vielen Reitbetrieben können Sie sowohl einen Hänger als auch ein Zuggespann mit Fahrer mieten.

! Wichtig

Halten Sie Zugfahrzeug und Transporter stets fahrbereit. Lassen Sie beide regelmäßig in einer Fachwerkstatt überprüfen. Achten Sie auf erstklassige, der Jahreszeit angepasste Bereifung, intakte Beleuchtung und den richtigen Reifendruck. Führen Sie stets Frostschutzmittel und Enteiser, Sandsäcke, Streusalz und Splitt, eine Aluminium-Notfalldecke und Stiefel mit Profilsohlen mit, damit Sie für alle Eventualitäten unterwegs gerüstet sind.

Machen Sie einen Routenplan

Was nützen die beste Klinik und ein neuer Transporter, wenn Sie den Weg nicht finden? Sobald Sie die Anschrift von Tierarzt oder Klinik kennen, suchen Sie auf einer Straßenkarte die für eine Hängerfahrt günstigste Route heraus und tippen sie stichwortartig auf ein Blatt im DIN-A4-Format, das Sie im Handschuhfach verstauen. Bei der Routenfindung helfen Ihnen auch Computerprogramme, in die Sie nur Ausgangs- und Zielort einzugeben brauchen.

Im Notfall sollten Sie in sehr kurzer Zeit einen Pferdetransporter organisieren können.

Stallapotheke und Notfallausrüstung

Eine gute Erste-Hilfe-Ausrüstung sollte Sie in die Lage versetzen,

● den Körper Ihres Pferdes zu untersuchen und Krankheitssymptome besser zu erkennen (1),

● Ihr Pferd im Alltag optimal zu betreuen (2),

● Bagatellverletzungen oder -erkrankungen selbst zu versorgen und zu behandeln (3),

● Ihr Pferd bei Verdacht auf schwerere innere Erkrankungen bis zum Eintreffen des Tierarztes angenehm warm zu halten (4),

● bei schwer wiegenderen oder nicht genau einschätzbaren Verletzungen kompetent Erste Hilfe zu leisten, bis der Tierarzt kommt (5),

● nach Diagnosestellung durch den Tierarzt die Behandlung selbst nach seiner Anweisung sachgemäß durchzuführen (6),

● Ihr Pferd vor, während und nach einer Behandlung oder einem Transport zu Tierarzt oder Tierklinik optimal zu versorgen (7).

Das brauchen Sie

(1) Digitales Fieberthermometer mit Signalgeber, Vaseline zum schmerzlosen Einführen, große Lupe und starke Taschenlampe zum Erkennen von Veränderungen an Augen und Haut, Messbecher für Spülungen, Schere und Nassrasierer zum Entfernen von Fellhaaren und zum Abschaben von Dasselfliegeneiern, Pinzette, Zeckenzange.

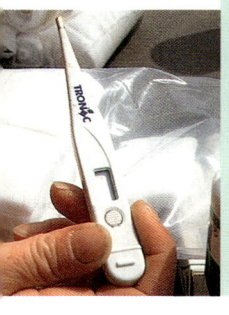

(2) Huf- und Mähnenpflegemittel, Insektenschutzmittel, Sunblocker, Melkfett und/oder Wund- und Heilsalbe, Franzbranntwein und/oder Kühlgel zum Einreiben der Sattellage und der Beine nach einem langen Ritt, Echinacin-Tropfen zur Stärkung der Infektabwehr, Fliegenschutzmaske mit Ohrenhütchen und engmaschige Sommerdecke gegen Insekten, Ersatz-Hufräumer.

(3) Flüssiges Desinfektionsmittel und desinfizierende Salbe bei kleinen Schürf-, Stich- und Schnittwunden, Jodlösung zur Desinfektion von Hufverletzungen, 20-ml-Spritze zum Ausspülen von Wunden oder zum Verabreichen flüssiger Medikamente, Wundpuder, homöopathische Augensalbe für nichtbakterielle Reizungen von Lidrändern und Bindehaut, evtl. Aluspray (nur in Absprache mit Tierarzt), kühlende, abschwellende und entzündungshemmende Salbe für Blutergüsse und geringfügige Verstauchungen, Heilerde für Packungen bei Gliedmaßenschwellungen, antibiotischen Wundpuder, Nux Vomica D6-Tabletten gegen Koliken, Hustenkräutermischung, ausgekochte, heiß gebügelte Baumwolllappen und -tücher für Waschungen usw..

(4) Saubere, bequem zu verschließende und leicht wärmende Stalldecke, auf der Ihr Pferd sich auch gefahrlos hinlegen und wälzen kann.

(5) Verschiedene Größen sterilen, nicht klebenden Verbandmulls und/oder Gaze zur Erstversorgung sauberer Wunden, Mullbinden in verschiedenen Breiten, leicht elastische Haftmullbinden in verschiedenen Breiten, nicht fasernde Polsterwatte, elastische Bandagen (zur Abdeckung des Verbandes), Heftpflaster, Öko-Einkaufsbeutel zum Anfertigen eines Hufschutzes, Gummiklistier und Speisesalz.

(6) Vom Tierarzt verschriebene Heilmittel für innerliche und äußerliche Anwendung nach Anweisung, Stallbandagen mit Polsterkissen, Wärmflasche oder Gelkissen für Wärmebehandlungen, Kühlbandagen.

(7) Saubere Transportpferdedecke, evtl. mit Hals- und Kopfschutz, Transportgamaschen, Heunetz für den Transporter.

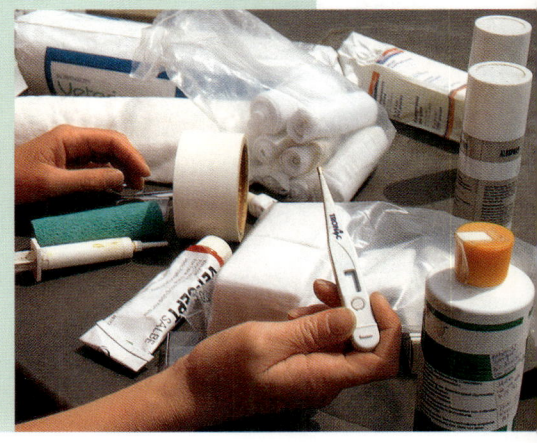

Eine gute Erste-Hilfe-Ausstattung gehört in jeden Stall.

Erste Hilfe im Notfall

Untersuchen Sie Ihr Pferd von Kopf bis Schweif schon beim leisesten Verdacht.

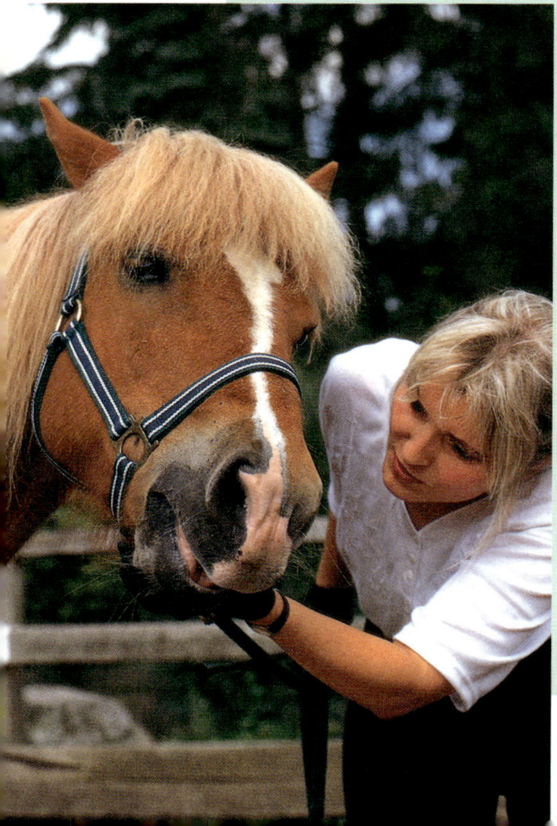

Jede Krankheit Ihres Pferdes ist eine Störung der normalen Vorgänge in seinem Körper. Hervorgerufen werden kann sie durch eine Infektion mit Krankheitserregern (Bakterien, Viren u. a.). Auch mechanische, thermische und chemische Einflüsse können zu Verletzungen, Verbrennungen, Erfrierungen und Vergiftungen führen. Darüber hinaus verursachen physikalische und umweltbedingte Faktoren wie Strahlen oder klimatische Einflüsse teils schwere Erkrankungen.
Da Sie trotz aller vorbeugenden Maßnahmen und Sicherheitsvorkehrungen niemals ganz ausschließen können, dass Ihr Pferd erkrankt oder sich verletzt, sollten Sie die wichtigsten Erste-Hilfe-Regeln und Handgriffe kennen. Oft können Sie dadurch Schlimmeres verhüten und die sachgerechte Betreuung Ihres Pferdes bis zum Eintreffen des Tierarztes sicherstellen.

Das Allgemeinbefinden feststellen

Haben Sie das Gefühl, es »stimmt etwas nicht«, stellen Sie zunächst den Allgemeinzustand Ihres Pferdes fest. Äußere Verletzungen erkennen Sie schnell an offenen Wunden und Schwellungen, Hauterkrankungen an Veränderungen der Haut- und Fellstruktur. Bei einer Atemwegserkrankung sind die Nüstern meist

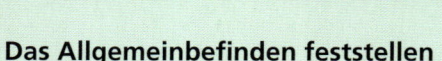

voller Schleim, das Pferd atmet hörbar oder hustet. Eine Lahmheit zeigt sich im steifen, vorsichtigen Gang, bei dem Ihr Pferd ein Bein deutlich schont. Entzündungen gehen oft mit Schwellungen und Wärmebildung einher. Die manchmal lebensbedrohliche Kolik äußert sich in heftigen Bauchschmerzen. Ihr Pferd schwitzt, scharrt und versucht sich zu wälzen. Oder es schaut sich immer wieder zu seinem Bauch um. Darüber hinaus gibt es weniger augenfällige Symptome. Um nichts zu übersehen, untersuchen Sie Ihr Pferd systematisch von den Ohren bis zu Hufen und Schweifspitze, indem Sie jeden einzelnen Körperbereich anschauen und befühlen.

Äußere Zeichen von Gesundheit
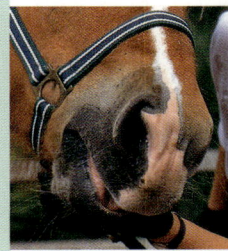

- Glänzende, geöffnete Augen ohne Ausfluss
- Saubere Nüstern ohne Ausfluss
- Frische, rosafarbene Schleimhäute
- Straffe Haut, glatte, feste Muskulatur
- Glänzendes, dichtes oder seidiges und trockenes Fell
- Gesund aussehende Mähne, fester Mähnenkamm
- Dichtes Schweifhaar, glatte, intakte Schweifrübe
- Elastisch-feste (aber nicht starre) Rückenpartie ohne Schwellungen oder Erwärmungen
- Saubere, geschlossene Afterrosette, ohne Anzeichen von Schleimaustritt oder Durchfall
- Geschlossene, nicht gerötete Scheidenränder, kein Ausfluss
- Glatter Schlauch
- Weder Schwellungen oder Wärmebildung noch Knochenauftreibungen an den Gliedmaßen
- Glattes, kühles und festes Hufhorn, elastischer Strahl, angenehmer Geruch

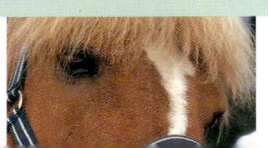

Äußere Zeichen einer Störung

- matter Blick, milchig-trübe oder starre Pupille
- Augenausfluss, halb geschlossene Lider
- Wässriger, schleimiger oder blutiger Nasenausfluss
- Bleiche oder aber rot-entzündete Schleimhäute
- Stumpfes, raues Fell, Kahlstellen, Borken, Ausschlag, Entzündungen, offene Wunden

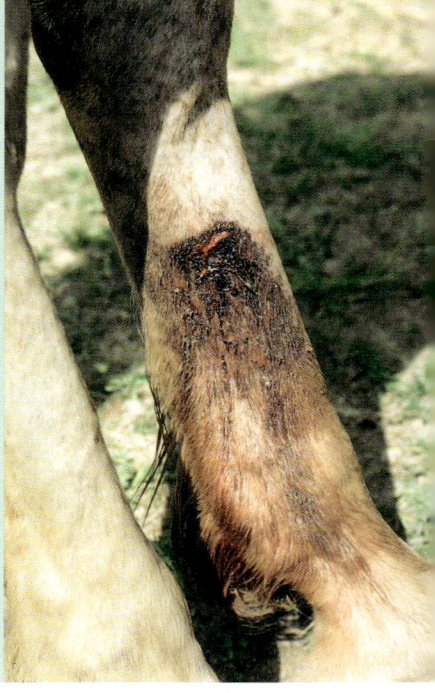

Eine offene Wunde beim Weidepferd deutet meist auf eine Schlagverletzung hin.

- Stumpfe Mähne, Kahl- oder Scheuerstellen am Mähnenkamm
- raue, schuppige Haut an der Schweifrübe
- Schwellungen, Knötchen, offene Wunden im Rückenbereich, Druckempfindlichkeit
- Entzündete Afterrosette mit Spuren von Schleim oder Durchfall
- Nicht geschlossene, gerötete Scheidenränder, (auch eitriger) Ausfluss
- Gerötete, spröde oder verschorfte Haut am Schlauch, Risse, offene Wunden, Warzen
- Schwellungen an Gliedmaßen, Knochenauftreibungen, Überbeine, Beulen
- Sprödes Hufhorn, fauliger Strahl, unangenehmer Geruch der Hufsohle, Wärmebildung und auffallende Druckempfindlichkeit

Futteraufnahme und -ausscheidung beobachten

Meist hat Ihr Pferd kaum Appetit, wenn es eine Krankheit »ausbrütet«. Schöpfen Sie Verdacht, wenn es nur lustlos am Heu knabbert oder sein Kraftfutter nicht anrührt. Ist Ihr Pferd gesund, sind die Kotballen ziemlich trocken, gelblich-grün oder braungrün. Sie enthalten keine ganzen Körner und riechen nicht unangenehm. Bei einer Verdauungsstörung bleiben die Kotballen entweder ganz aus oder der Kot weist eine deutlich andere Färbung auf, ist breiförmig oder schleimig-dünn.

Wasseraufnahme und -ausscheidung beobachten

Mögliche Krankheitssymptome sind übermäßig gieriges Saufen oder Verweigern von Wasser. Der Urin des gesunden Pferdes ist milchig-gelblich und riecht unauffällg. Auf eine Harnwegs- oder Niereninfektion weist völlig trüber, rötlich-blutiger oder schwarzbrauner, streng riechender Urin hin.

Erhöhte Körpertemperatur weist immer auf eine Erkrankung hin.

Messen der Körperwerte

Als Nächstes stellen Sie fest, ob die Körperwerte im Normalbereich liegen. Dazu messen Sie Temperatur, Puls und Atem.

Körpertemperatur

Sie stellen sich hinten seitlich neben Ihr Pferd, heben die Schweifrübe an und schieben das eingefettete Thermometer mit leichter Drehbewegung in den After. Nach drei Minuten lesen Sie den Wert ab. Beim gesunden Pferd liegt er zwischen 37,5 und 38,2 Grad.

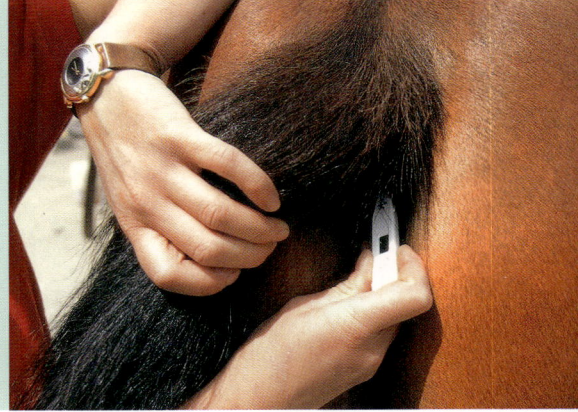

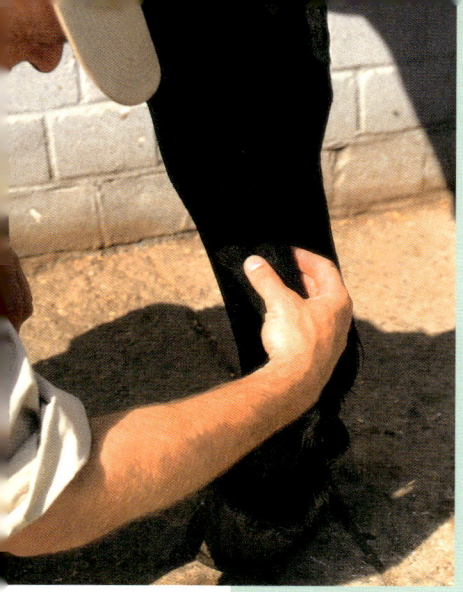

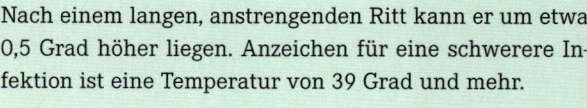

Nach einem langen, anstrengenden Ritt kann er um etwa 0,5 Grad höher liegen. Anzeichen für eine schwerere Infektion ist eine Temperatur von 39 Grad und mehr.

Puls

Den Puls ertasten Sie mit Mittel- und Zeigefinger an der Unterseite der Gamaschen, ober- oder unterhalb des Vorderfußwurzelgelenks oder an der Unterseite der Schweifrübe. Alles, was deutlich über oder unter 30–40 Schlägen pro Minute liegt, gibt Anlass zur Besorgnis!

Atemfrequenz

Die Anzahl der Atemzüge zählen Sie, indem Sie das Heben und Senken des Brustkorbes beobachten oder an der Flanke fühlen. Hat Ihr Pferd nicht gearbeitet, müsste es durchschnittlich 8–16 Atemzüge pro Minute machen. Ihre Anzahl hängt auch von Rasse, Haarkleid, Außentemperatur und Luftfeuchtigkeit ab und steigt bei Beanspruchung.

Auf Verhaltensauffälligkeiten achten

Veränderungen im Verhalten Ihres Pferdes weisen oft auf eine Erkrankung hin, zum Beispiel wenn ein freundliches, zutrauliches Pferd grundlos abweisend, ängstlich oder gar aggressiv ist. Unerklärliche Unruhe oder Schreckhaftigkeit sollten Ihnen ebenso verdächtig vorkommen wie lethargisches, stumpfes Benehmen und Faulheit bei einem ansonsten eifrigen, interessierten Tier.

Erste Hilfe bei inneren Krankheiten

Weist Ihr Pferd keine äußeren Verletzungen oder körperlichen Veränderungen auf, könnten Symptome und Körperwerte auf eine innere Erkrankung hinweisen. Am häufigsten sind Erkrankungen der Atemwege und der Verdauungsorgane, aber auch Nieren und Harnwege, Herz- und Kreislauf, Leber oder die Fortpflanzungsorgane können betroffen sein. Bewahren Sie Ruhe und Gelassenheit. Sorgen Sie für eine saubere, frisch eingestreute Box. Lüften Sie den Stall gründlich, aber achten Sie darauf, dass keine Zugluft entsteht. Lebt Ihr Pferd in Gruppenauslaufhaltung, bringen Sie es vorübergehend in einer separaten Krankenbox unter. Bieten Sie ihm frisches Wasser an, aber zunächst keinerlei Futter. Schwitzt es, reiben Sie es mit Strohwischen oder Frottiertüchern ab und legen ihm eine saubere Pferdedecke über.

Erste Hilfe bei Lahmheiten

Lahmheiten können auftreten, ohne dass eine äußere Verletzung, eine Schwellung oder Wärmebildung vorliegen muss. Einige erkennen Sie an einer Art »Nicken« in der Bewegung oder an einer leichten Veränderung des Taktes, bei anderen schont Ihr Pferd ein Gliedmaß deutlich oder knickt beim Auffußen gar ein. Als Laie können sie die Ursache selten eindeutig feststellen.

> **! Wichtig**
>
> - Verständigen Sie unverzüglich den Tierarzt und teilen Sie ihm am Telefon Ihre Beobachtungen mit.
>
> - Bleiben Sie bis zu seinem Eintreffen in der Nähe Ihres Pferdes, damit Sie sein Verhalten weiter kontrollieren können!
>
> - Besteht Kolikverdacht, führen Sie Ihr Pferd im Schritt eingedeckt spazieren, aber bewegen Sie es nicht an der Longe! Ist es auf Grund der Schmerzen unkontrollierbar, ist es sicherer, es in einer großen Box unterzubringen, in der es sich beim Wälzen nicht festliegen kann.

Ziehen Sie daher auf jeden Fall frühzeitig den Tierarzt zu Rate, denn unbehandelt oder falsch behandelt ist das Risiko, dass Ihr Pferd einen dauerhaften Schaden davon trägt, sehr groß!

Das können Sie tun

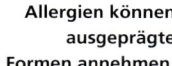

Allergien können ausgeprägte Formen annehmen.

● Bringen Sie Ihr Pferd bis zum Eintreffen des Tierarztes unbedingt in einer Einzelbox unter.

● Es sollte sich auf keinen Fall übermäßig bewegen.

● Schwellungen, erwärmte oder druckempfindliche Bereiche an den Gliedmaßen dürfen Sie mit feuchten Umschlägen kühlen.

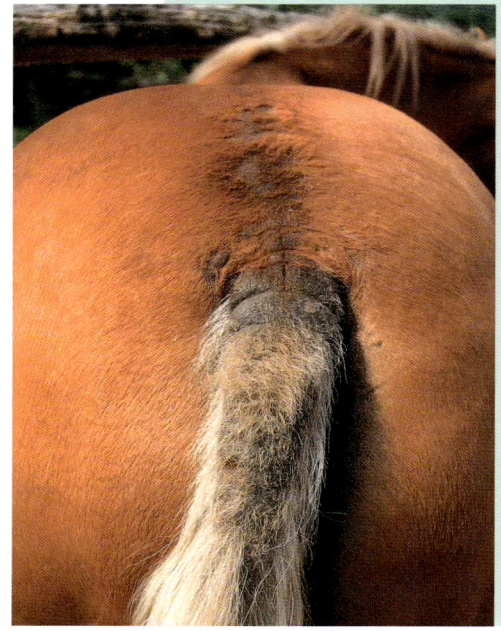

Erste Hilfe bei Hauterkrankungen

Haut und Fell Ihres Pferdes reagieren sehr empfindlich auf schädigende Einflüsse. Bei inneren Erkrankungen – zum Beispiel durch Fütterungsfehler oder toxische (giftige) Bestandteile im Futter – verändert sich die Haut. Sie wird rauer und unelastischer, das Fell spröder. Allergische Erkrankungen beginnen mit kleinen Veränderungen wie Knötchen, Schuppen, ausfallenden Haaren, ehe sich Entzündungen und Kahlstellen bilden. Hautparasiten, wie Läuse, Haarlinge und Milben, sowie Pilzinfektionen zeigen ihre schädigende Wirkung schneller, das Haar fällt oftmals bald büschelweise aus.

Das können Sie tun
- Rufen Sie den Tierarzt.
- Halten Sie Ihr Pferd bis zur Diagnose isoliert. Ansteckungsgefahr!
- Waschen Sie alle Putzutensilien aus und spülen Sie sie gründlich in einer Desinfektionslösung. Benutzen Sie ausschließlich Ihre eigenen, frisch desinfizierten Bürsten und Striegel und leihen Sie Ihr Putzzeug niemals aus!
- Waschen Sie auch die Sattelunterlage in einer Desinfektionslösung.
- Benutzen Sie nicht auf eigene Faust äußerlich anwendbare Medikamente (Salben, Lotionen, Waschungen), ehe die Diagnose eindeutig feststeht!

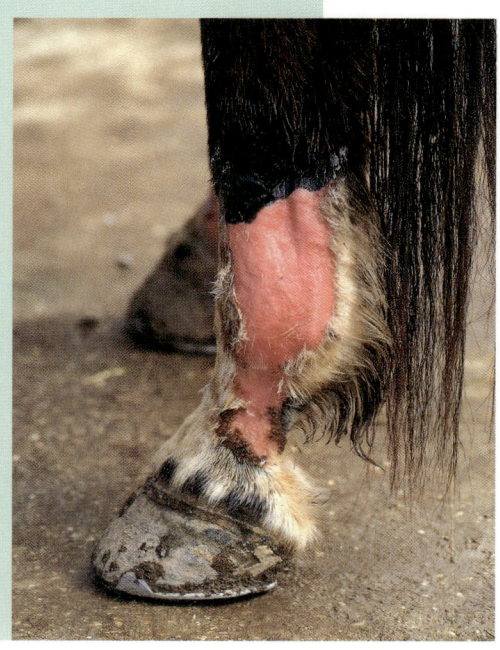

Durch den Juckreiz »scheuert« sich das Pferd, bis nackte, entzündete Hautpartien entstehen.

Das Sommerekzem

Das Ekzem ist eine endogene (innere), mit einer Allergiebereitschaft gekoppelte Erkrankung, die durch zusätzliche Auslöser, wie etwa Eiweißreichtum der Weidegräser und Umweltverschmutzung, verstärkt wird. Helfen die unten genannten Maßnahmen nicht, kann Ihr Tierarzt versuchen, mit entzündungshemmenden Medikamenten (Cortison) die Symptome zu mildern.

Das können Sie tun
- Reduzieren Sie die Menge an eiweißreichem Futter.
- Bringen Sie Ihr Pferd in den Schatten.
- Behandeln Sie offene Stellen zur schnelleren Abheilung mit einer stärker fettenden Emulsion.

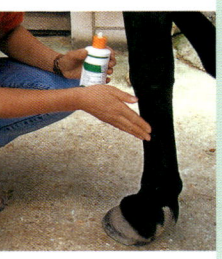

● Stillen Sie den Juckreiz mit einer weniger fetthaltigen Pflegelotion und stark kühlendem Effekt.

● Ist Ihr Pferd großflächig vom Ekzem befallen, tragen Sie auf die betroffenen Hautpartien einige Tropfen mit Wasser verdünntes Teebaumöl auf und geben darüber ein Repellent (Insektenschutzmittel) in Ölsprayform.

Erste Hilfe bei Hitzschlag

Einen Hitzschlag erkennen Sie an starkem Schweißausbruch, Mattigkeit und Taumeln. Die Adern treten deutlich hervor, der Körper fühlt sich heiß an, manchmal verkrampfen sich die Muskeln oder Ihr Pferd fällt gar in Bewusstlosigkeit. Rufen Sie sofort den Tierarzt!

Das können Sie tun

● Führen Sie Ihr Pferd sofort an einen schattigen, kühlen Ort (ohne Zugluft) und sorgen Sie für Ruhe. Ist es bewusstlos, stellen Sie Schattenspender vor allem im Kopfbereich auf (Schirme, aufgehängte Kleidungsstücke o.ä.).

● Übergießen Sie das Tier mit kaltem Wasser oder spritzen Sie es mit sanftem Wasserdruck kühl ab.

● Kühlen Sie seinen Kopf zusätzlich durch kaltnasse Umschläge.

Schockzustand behandeln

In echter Lebensgefahr ist Ihr Pferd, wenn es auf übermäßige Hitzeeinwirkung mit einem Schock reagiert. Dieser bedrohliche Zustand kann auch nach Unfällen, nach Überanstrengung, nach Einnahme unverträglicher Medikamente, Vergiftungen oder akuten Infektionen auftreten. Einen Schock erkennen Sie an der schlaffen Körperhaltung des Tieres mit tiefem Kopf und blassen, fast weißen Schleimhäuten und Lidbindehaut. Häufig leidet das Pferd auch unter

Schüttelfrost und liegt fest. In einem solchen Fall müssen Sie ohne zu zögern den Tierarzt rufen!

Das können Sie tun
● Bringen Sie Ihr Pferd in einen luftigen, kühlen, dunklen Stall.
● Liegt Ihr Pferd fest, errichten Sie Schattenspender um seinen Körper und fächeln ihm Kühlung zu.
● Decken Sie den Pferdekörper mit immer wieder frisch ausgewrungenen feuchten Tüchern ab und kühlen Sie vor allem den Kopf.
● Ist der Schock nicht auf Hitze, sondern auf andere Ursachen zurückzuführen, kann es ratsam sein, Ihr Pferd mit einer Decke zu wärmen.
● Hat Ihr Tierarzt telefonisch sein Einverständnis gegeben, lösen Sie 1 TL Salz in 10 l lauwarmem Wasser und verabreichen es langsam als Einlauf in den Mastdarm. Das stützt den Kreislauf und gleicht Flüssigkeitsverluste aus.

Erste Hilfe bei äußeren Verletzungen

Die meisten äußeren Verletzungen sind sehr schmerzhaft für Ihr Pferd. Rechnen Sie daher mit Abwehrreaktionen. Reden Sie beruhigend auf Ihr Pferd ein und fassen Sie das Halfter mit festem Griff. Binden Sie das Pferd an einem sicheren, sauberen, geschützten Platz kurz und hoch an.

Verletzungen am Kopf
● Fixieren Sie das Pferd mit zwei Anbindestricken rechts und links (zum Beispiel in der Stallgasse). So kann es den Kopf nicht an Wänden oder Gegenständen reiben, was jede Verletzung – vor allem auch an Ohren, Augen und Nüstern – deutlich verschlimmern würde. Achten Sie darauf, dass das Halfter sauber ist und nirgendwo drückt!

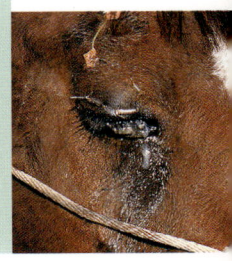

Augenverletzungen bedürfen sorgsamer Behandlung.

● Nur wenn Sie ausgesprochen geschickt sind und Ihr Pferd sich ruhig verhält, dürfen Sie Fremdkörper, die leicht greifbar sind (große Splitter o.ä.) entfernen.

● Überlassen Sie das Auswaschen von Wunden im Kopfbereich dem Tierarzt und zupfen Sie auch nicht an halb abgerissenen Hautfetzen oder -teilen.

● Dunkeln Sie den Stall ab, um Ihr Pferd zu beruhigen.

● Bleiben Sie bei Ihrem Pferd, bis der Tierarzt eintrifft.

Größere Wunden an Körper und Gliedmaßen

● Berühren Sie niemals die Wunde direkt!

● Spülen Sie verschmutzte Wunden mit klarem Wasser (zum Beispiel aus einem Messbecher) aus.

● Viele, auch kleinere Wunden heilen deutlich besser, wenn sie genäht werden. Gießen Sie daher nach der Reinigung keinesfalls eine desinfizierende Lösung darüber und benutzen Sie auch kein Wundspray!

● Bedecken Sie die Wunde mit einem passenden Stück sterilem, nicht fasernden Verbandmull und fixieren Sie diesen mit einer selbst haftenden Binde. Darüber bringen Sie eine Lage Polsterwatte auf. Diese umwickeln Sie spiralförmig von der Mitte nach oben, dann nach unten und wieder zur Mitte mit einer etwas elastischen Binde.

● Blutet die Wunde stark, bringen Sie den Verband fester als so genannten Druckverband an. Versuchen Sie jedoch nicht, die Gliedmaße über der Wunde abzubinden!

● Benachrichtigen Sie umgehend den Tierarzt – vor allem bei starken Blutungen und wenn die Wunde chirurgisch versorgt werden muss! Ein Druckverband darf niemals ohne ärztliche Kontrolle am Pferd bleiben!

Hufverletzungen

● Spülen Sie den Huf sorgfältig mit warmem Wasser aus.

● Liegt ein Nageltritt oder eine sonstige mechanische Verletzung von außen vor, desinfizieren Sie die Wunde mit einer Jodlösung.

● Decken Sie die Wunde mit steriler Gaze ab.

● Polstern Sie die Hufsohle vollständig mit nicht fasernder Verbandwatte aus.

● Bringen Sie eine weitere Wattepolsterung unter und um den kompletten Huf bis über die Fesselbeuge hinauf an.

● Fixieren Sie darüber einen Verband aus selbst haftenden Binden. Sie beginnen an der Fessel, führen die Binde in »Achter-Touren« jeweils um den Huf, kreuzen sie über der Hufsohle und führen sie wieder hinauf zur Fessel.

● Schützen Sie den Verband mit einem rund zugeschnittenen, robusteren Gewebe (zum Beispiel einem Öko-Einkaufsbeutel), das Sie mit einer Bandage um die Fessel befestigen.

Bagatellverletzungen

Kleinere Verletzungen – kleine Stoß- oder Schnittwunden, Abschürfungen, die meisten Insektenstiche und Zeckenbisse – können Sie selbst versorgen, ohne einen Tierarzt bestellen zu müssen.

● Reinigen Sie jede offene Wunde. Spülen Sie sie mit einem Messbecher oder einer Spritze aus, kleine Schürfwunden können Sie mit einem in Wasser getauchten sterilen Lappen saubertupfen.

● Desinfizieren Sie die Wunde mit einer Lösung.

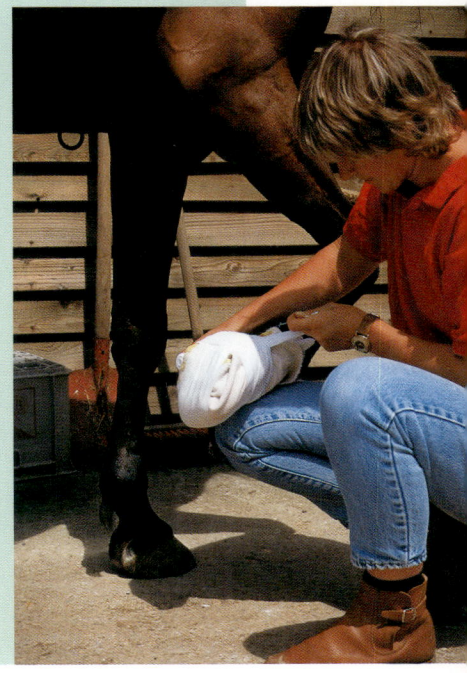

**Hufverband:
Hier ist Geschick
gefragt.**

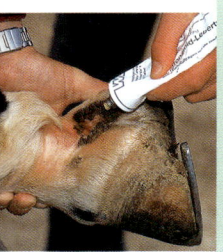

● Auf Verletzungen an sehr beweglichen Körperteilen tragen Sie dick und großflächig Wund- und Heilsalbe auf und streuen Wundpuder darüber. Bei Verletzungen an weniger beweglichen Partien genügt Wundpuder.

● Insektenstiche behandeln Sie mit einer desinfizierenden Salbe oder einem kühlenden Insektengel.

● Zecken ziehen Sie mit der Zeckenzange vorsichtig heraus. Desinfizieren Sie die Bisswunde und streuen Sie Wundpuder darauf.

Geben Sie dem Tierarzt Hilfestellung

Ihr Tierarzt ist sehr erfahren im Umgang mit erkrankten – und damit auch verängstigten und aggressiv reagierenden – Pferden. Sie können ihm seine Arbeit jedoch erleichtern, wenn Sie Ihr Pferd vor dem Eintreffen bereits mit einem stabilen Halfter ausrüsten und es sicher festbinden. Ihr Tierarzt wird mit Ihnen dann absprechen, bei welchen Untersuchungen das Pferd angebunden sein muss oder besser frei steht. Gelegentlich ist Ihre Hilfe erforderlich, um das Pferd ruhig zu halten. Das kann durch Ausbinden geschehen (Sie legen dem Pferd einen Longier- oder Deckengurt an und befestigen die Ausbinder zwischen Halfterösen und Gurtringen). Um das Ausschlagen zu verhindern, heben Sie ein Bein hoch oder ziehen den Schweif zwischen den Hinterbeinen zur seitlichen Brustwand und halten ihn dort fest. Ihr Tierarzt erklärt Ihnen, welche Handgriffe Sie wie durchführen sollen.

Unterstützen Sie die Heilbehandlung

Je zuverlässiger Sie die empfohlenen Behandlungsmaßnahmen durchführen, indem Sie Medikamente verabreichen, Einreibungen oder Waschungen vornehmen, Packungen anlegen und die Körperwerte messen und notieren, desto bessere Aussichten hat Ihr Pferd, wieder vollständig gesund zu werden. Falls

Ihnen das aus Zeitgründen nicht möglich ist, beauftragen Sie damit den Stallbetreiber selbst, das Stallpersonal oder sonstige Angestellte, einen Reitpartner oder Reiterkollegen. Sorgen Sie darüber hinaus dafür, dass Ihr Pferd die Ruhe und/oder besondere Art der Bewegung erhält, die der Tierarzt verordnet hat.

So verabreichen Sie Medikamente
Erkundigen Sie sich, ob Sie einzunehmende Medikamente ins Futter mischen dürfen. Testen Sie mit einer kleinen Kraftfuttermenge, ob Ihr Pferd das Medikament auf diese Weise einnimmt. Alternativ »verstecken« Sie Tabletten in Brot oder größeren Apfelstücken oder versüßen eine Medizin-Futter-Mischung mit Honig, Fruchtzucker, geriebenem Apfel-Möhren-Brei oder eingeweichten Zuckerrübenschnitzeln. Nimmt das Pferd die Medikamente auch so nicht an, können Sie Pulver und Tabletten in Wasser auflösen (nach Absprache mit dem Tierarzt) oder Tropfen mit Wasser verdünnen und mit einer Spritze seitlich ins Maul geben. Binden Sie dazu – falls erforderlich – Ihr Pferd an zwei Stricken

Ob auf Brot oder im Hafertrog: Testen Sie wie Ihr Pferd Medikamente annimmt.

rechts und links an (wie oben beschrieben), sodass es nicht ausweichen kann. Diese Anbindevariante empfiehlt sich auch, wenn Sie Einreibungen an empfindlichen Körperpartien vornehmen müssen.
Reden Sie freundlich auf Ihr Pferd ein, benehmen Sie sich aber nicht zu zaghaft, sondern tragen Sie Heilmittel sanft und zügig, aber nicht vorsichtig-kitzelnd auf.

Auf einen Blick

Häufige Erkrankungen und Verletzungen

Je besser Sie auf alle Eventualitäten vorbereitet sind, desto effektiver können Sie Erste Hilfe leisten. Auf dieser Doppelseite finden Sie in alphabetischer Reihenfolge einen Überblick über

Erkrankung/Verletzung	Symptome	Erste Hilfe
Bindehautentzündung	Tränen, geschlossene Lider, gerötete oder eitrige Bindehaut	Lidränder mit klarem Wasser (keinesfalls Kamillentee!) waschen. Homöopathische Augensalbe
Ballen- und Kronentritt	Schürfverletzung, Lahmheit	Wunde reinigen, Salbe auftragen, verbinden
Einschuss (Schwellung der Unterhaut durch bakterielle Entzündung)	Starkes (weichliches) Anschwellen des Beines, Fieber, gelegentlich Lahmheit	Ausgiebig kühlen durch Übergießen mit Wasser oder nasskalte Wickel
Hufabszess, Geschwür	Plötzliche Lahmheit, Pulsieren der Arterien, Schmerzreaktion	Eisen entfernen, Huf waschen und Hufsohle desinfizieren. Polsterverband
Huflederhautentzündung (durch Verletzung)	Lahmheit, warmer Huf	Mit kaltem Wasser kühlen
Hufrehe (Huflederhautentzündung durch Eiweißüberfütterung)	Lahmheit, sehr warmer Huf, Gewichtverlagerung auf Hinterhufe	Absolute Ruhe, weiche Einstreu, Beine und Hufe lange kühlen, starker Polsterverband
Hitzschlag	Taumeln, Mattigkeit, Fieber, Bewusstlosigkeit	Schatten, Ruhe, Kühlung des ganzen Körpers, kleine Portionen Trinkwasser, falls nicht bewusstlos

häufige Erkrankungen und Verletzungen, ihre deutlichsten Symptome und erforderliche Erste-Hilfe-Maßnahmen bis zum Eintreffen des Tierarztes.

Erkrankung/Verletzung	Symptome	Erste Hilfe
Husten	Nasenausfluss, Husten, Atemgeräusche, Fieber	Ruhe, sauberer luftiger Stall.
Kolik (diverse Verdauungsstörungen)	Schneller Puls, Umsehen oder Schlagen nach Bauch, Unruhe, Schweißausbrüche, Hinwerfen, keine Darmgeräusche, Durchfall oder Verstopfung	Eindecken, wenn Pferd nicht unkontrollierbar, spazieren führen.
Kreuzverschlag (Entzündung der Rückenmuskulatur durch Eiweißüberfütterung nach Ruhe oder starker Belastung)	Taumeln, abruptes Stehenbleiben, schwarzbrauner Urin, druckempfindliche, harte Muskulatur im Kruppenbereich	Sofortige Ruhe (auch unterwegs), eindecken, mit gesüßtem Wasser tränken
Nageltritt	Lahmheit, Anheben des Hufes	Bitte Nagel entfernen, Wunde desinfizieren, Hufverband anlegen
Nesselsucht	Schwellungen und Knötchen am ganzen Körper (durch Insektenstiche, Futtermittelallergie).	Ganzkörper-Kühlung mit Wasser, betupfen mit Essigwasser
Satteldruck	Schwellung, auch Erwärmung der Sattellage, Druckschmerz	Kühlen mit Wasser, auftragen einer kühlenden und entzündungshemmenden Salbe. Bei offenen Stellen Wundsalbe
Verstauchung	Lahmheit, warme Schwellung	Mit Wasser kühlen, kühlende entzündungshemmende Salbe auftragen

Die Deutsche Bibliothek –
CIP-Einheitsaufnahme

Ein Titeldatensatz für diese Publikation ist bei Der Deutschen Bibliothek erhältlich

Bildnachweis
Christine Lange: Seiten 1, 2/3, 4, 6 unten links, 7, 9, 10, 11, 12, 13, 14, 15, 17, 18, 20, 22, 23, 25, 26, 27, 28, 29, 30, 31, 32, 34, 35, 36, 37, 38, 39, 40, 41, 48, 50, 52, 62
Lothar Lenz: Seiten 5, 6 oben, unten Mitte und rechts, 42, 43, 45, 47, 51, 54, 55, 58, 59, 60, 61, 63
Umschlagfotos: Titelfoto: Lothar Lenz
Alle Einklinker: Lothar Lenz

Umschlaggestaltung: Studio Schübel, München
Layout: Parzhuber & Partner, München
Redaktion: Renate Hausdorf
Lektorat: Claudia Daiber
Satz und Herstellung: Elisabeth Schimmer, Renate Hausdorf

BLV Verlagsgesellschaft mbH München Wien Zürich
80797 München

© 2001 BLV Verlagsgesellschaft mbH, München

Druck: Appl, Wemding
Bindung: Auer, Donauwörth

Printed in Germany · ISBN 3-405-16146-0